PRODUCT
MASTERY

Geoff Watts

PRODUCT MASTERY

Von gutem zu großartigem Product Ownership

Veröffentlicht Januar 2019

Lektorat: Rebecca Traeger

Design und Illustrationen: Ole H. Størksen

Druck: Amazon Createspace

Veröffentlichung der Erstauflage in 2017 durch Inspect & Adapt Ltd

96 Redgrove Park, Cheltenham, Glos, GL51 6QZ

ISBN: 9781916439443

Dieses Buch wurde gemeinsam von Jennifer Pfahl und Sohrab Salimi ins Deutsche übersetzt.

Sohrab Salimi ist Certified Scrum Trainer® und Managing Partner von Agilar. Als weltweit einziger Mediziner unter ca. 200 CSTs bringt Sohrab häufig eine andere Perspektive mit in die Arbeit mit Teams bzw. Unternehmen. Sohrab hat seine Schwerpunkte in der Ausbildung von Product Ownern, Scrum Mastern und Führungskräften.

Jennifer Pfahl ist staatlich geprüfte Übersetzerin und Certified Scrum Professional®. Sie ist bei der Agilar Germany GmbH primär für die Inhalte auf den Webseiten, im Blog und in der internen Community zuständig und unterstützt Sohrab mit der Übersetzung von Büchern.

„Make society more productive, more humane and more sustainable." Gemäß diesem Motto unterstützt Agilar eine Vielzahl von Unternehmen und deren Teams bei der Entwicklung innovativer Produkte. Mit unseren Schwerpunkten in Scrum und anderen agilen Frameworks helfen wir unseren Kunden, Produkte schneller an den Markt zu bringen und sich kontinuierlich zu verbessern. Agilar unterstützt durch zertifizierte Trainings, Coaching und operative Unterstützung im Projekt. Als Teil von Agilar ist die Agilar Germany GmbH in Köln ansässig und unterstützt Kunden in ganz Europa.

Sie erreichen uns unter: germany@agilar.com

Dieses Buch ist *Jean Tabaka* gewidmet.

Sie war einer der tollsten Menschen, die ich je kennenlernen durfte. Sie war eine Inspiration und ein Vorbild und hat mich u.a. zum Schreiben ermutigt und dabei unterstützt.

Wir vermissen dich.

Inhaltsverzeichnis

Vorwort von Jeff Sutherland

Im Jahr 1994 konnte das erste Scrum Team in seinem dritten Sprint die Arbeitsgeschwindigkeit um 400 % steigern. Unser erstes Release des neuen Produkts hatten wir für den sechsten Sprint geplant. Als zuständiger Product Owner hatte ich ein Product Backlog für drei Sprints und nun brauchte ich ein Backlog für zwölf Sprints. Das ging nicht ohne einen großartigen Product Owner in Vollzeit!

Ich ging zur Produktmarketing-Abteilung und sagte, ich bräuchte den besten Mitarbeiter im ganzen Unternehmen. Sein Name war Don Roedner und es gelang ihm, Object Studio fristgerecht zu liefern. Computer World berichtete, es sei das beste Produkt dieser Art, das man dort jemals gesehen habe. Heute, über 20 Jahre später, fährt das Produkt laut CINCOM mit seinen wachsenden Einnahmen und Nutzerzahlen immer noch Gewinne ein.

Don hatte bewiesen, dass es einem großartigen Product Owner möglich ist, das weltweit beste Produkt seiner Art in weniger als sechs Monaten zu liefern.

In diesem Buch werden Sie erfahren, welche Qualitäten ein groß-artiger Product Owner laut Geoff haben sollte: **Decisive** (entschei-dungsfreudig), **Ruthless** (unerbittlich), **Informed** (gut informiert), **Versatile** (flexibel), **Empowering** (ermächtigend) und **Negotiable** (verhandlungsfähig). Ich halte Don für einen großartigen Product Owner und während ich Geoffs Buch las, fiel mir immer wieder auf, wie gut die Charakteristiken, die er beschreibt, auf Don zutreffen.

Don verbrachte viel Zeit mit den Kunden, ging zu Konferenzen und hatte stets die Produkte der Konkurrenz im Blick. Jedoch war es ihm genauso wichtig, weiterhin Zeit für die Entwickler zu haben, und verbrachte die Hälfte seiner Zeit mit dem Team. Er war im gesamten Unternehmen die am besten informierte Person was das Produkt anging und genau das war ausschlaggebend für seinen eigenen Erfolg und den Erfolg des Produkts.

Don wusste, dass er an dem Erfolg des Produkts durch die Bewertung von Computer World gemessen werden würde, und war daher so unerbittlich in seiner Priorisierung des Product Backlogs. Er war verantwortlich und auch ermächtigt, die für den Erfolg notwendigen Entscheidungen zu treffen – und er war äußerst entscheidungsfreudig! Wir hatten sehr viele Stakeholder, mit denen wir zusammenarbeiteten, und seine Verhandlungsfähigkeiten spielten da eine große Rolle.

Wenn ich an dieses allererste Scrum Team denke, muss ich unweigerlich auch an eine andere ganz besondere Charaktereigenschaft von Don denken, und zwar seine Fähigkeit und Bereitschaft, die Teammitglieder zu Höchstleistungen anzuspornen und sie zu ermächtigen, selbst zu entscheiden, wie sie das Produkt bauen möchten.

Product Mastery ist ein wunderbares Buch, das Sie auf jeden Fall lesen sollten, wenn Sie erfahren möchten, wie ein großartiger Product Owner arbeitet. Egal, ob Sie einen Product Owner einstellen oder selbst ein großartiger Product Owner werden möchten – nehmen Sie Geoff Watts' Erkenntnisse in diesem Buch dabei als Leitfaden.

Jeff Sutherland
Co-Creator von Scrum
MIT Cambridge Innovation Center 2017
Autor von *Scrum: The Art of Doing Twice the Work in Half the Time*

Vorwort von Roman Pichler

Product Owner haben das Privileg, sich um Produkte zu kümmern, sie zu formen und weiterzuentwickeln sowie deren Vorteile für die Nutzer und das Unternehmen zu maximieren. Doch ein Product Owner zu sein, ist ebenso eine Herausforderung: Product Owner haben eine ganze Reihe von Verantwortlichkeiten und müssen sich auf eine Gruppe verschiedenster Personen verlassen, die ihnen dabei helfen, ein Produkt zum Erfolg zu führen. Allerdings haben sie, wenn überhaupt, nur wenig Autorität über das Entwicklungsteam und die Stakeholder.

Ein erfolgreicher Product Owner zu sein, erfordert mehr als nur Hard Skills wie z. B. eine Produktstrategie zu definieren, eine umsetzbare Product Roadmap zu erstellen und das Product Backlog zu definieren. Vielmehr erfordert es Soft Skills wie Kommunikation, Stakeholder Management und das Treffen von Entscheidungen. Die Entwicklung dieser Fähigkeiten erfordert nicht nur Zeit und Mühe; es gibt auch kaum Empfehlungen dafür, wie Produktverantwortliche diese Soft Skills verbessern können. Zum Glück füllt dieses Buch nun diese Lücke.

Geoff Watts bedient sich aus seinem großen Wissens- und Erfahrungsschatz als Coach, um Product Ownern dabei zu helfen, sich weiterzuentwickeln und zu wachsen. Geoff hat auf großartige Weise die Soft Skills herausgearbeitet, die Product Owner benötigen, um erfolgreich zu sein. Er beschreibt einige Eigenschaften, die Produktverantwortliche davon abhalten, gute Arbeit zu leisten, wie beispielsweise das Aufschieben von Entscheidungen aus Angst vor Fehlschlägen oder Perfektionismus, und er erklärt, wie man diese Hindernisse überwinden kann.

Dieses neue Buch ist voll mit praktischen Tipps und ich hoffe, dass es Ihnen dabei helfen wird, Ihre Fähigkeiten zu verbessern und ein wahrhaft großartiger Product Owner zu werden.

Roman Pichler
Autor von *Strategize und Agile Product Management with Scrum*

DRIVEN
Eine Einleitung zu Product Ownership

Seit vielen Jahren wurde mir immer wieder gesagt, ich solle ein Buch schreiben, doch ich winkte lachend ab – zum Teil, weil ich nicht glaubte, es schaffen zu können oder würdig zu sein, ein Buch zu schreiben, und zum Teil, weil ich dachte, nicht genug Inhalt für ein Buch zu haben. Außerdem war ich von der Idee, ein Buch zu schreiben, etwas eingeschüchtert.

Nachdem ich jedoch so vielen Leuten als Coach geholfen hatte, ihre Wahrnehmung dessen, was sie schaffen können, in Frage zu stellen und sich neuen Herausforderungen zu stellen, entschied ich irgendwann, auch selbst meine Worte in die Tat umzusetzen, und habe es gewagt. Nach einem großen Maß an Arbeit und einigen Anstrengungen veröffentlichte ich also mein erstes Buch, *Scrum Mastery*, und ich bin heute noch froh darüber.

Beim Schreiben von *Scrum Mastery* ging ich mit einem agilen Ansatz gegen meine Zweifel vor. Ich arbeitete eine Vision aus und testete sie am Markt – fanden die Leute da draußen das Konzept des Buchs interessant? Ich schrieb ein erstes Kapitel, veröffentlichte es als Blog-Artikel und holte Feedback dazu ein. Mit diesem Feedback im Hinterkopf schrieb ich ein weiteres potenzielles Kapitel, veröffentlichte es als Blog-Artikel und holte erneut Feedback ein. Bei jedem weiteren Schritt konnte ich meine Idee ein wenig mehr validieren und kam dem Ziel immer näher. Gleichzeitig wuchs das Vertrauen in meine Fähigkeit, zu schreiben (so sehr, dass ich später Co-Autor eines zweiten Buchs wurde: *The Coach's Casebook*). Die Vision für *Scrum Mastery* blieb von Anfang an recht stabil. Die Lösung veränderte sich während des Prozesses jedoch recht stark aufgrund des Feedbacks sowie der Weiterentwicklung meiner Ideen während des Schreibens.

Die Reaktionen, die ich seit der Veröffentlichung von *Scrum Mastery* bekommen habe, sind wundervoll. Viele Scrum Master sagten mir, wie nützlich das Buch für ihre tägliche Arbeit sei. Sie berichteten davon, dass der Scrum-Prozess in ihren Unternehmen sich nach dem Lesen des Buchs verbessert habe und dass ihre Teams viel produktiver geworden seien. Genau das hatte ich mir erhofft. Dennoch sind auch diese Scrum Master noch nicht zu 100 % zufrieden.

„Es bringt nichts, ein effektiver Scrum Master zu sein", sagten sie mir, „wenn nicht auch der Product Owner weiß, wie er seinen Job machen soll".

Die Rolle des Product Owners kann im Hinblick auf Verantwortlichkeiten und tägliche Aufgaben wahrscheinlich am meisten Schaden anrichten. Das Hauptproblem bei dieser Rolle besteht laut vielen Product Ownern darin, dass ein Tag für einen agilen Produktmanager einfach nicht genug Stunden hat.

Daher dreht sich bei diesem Buch alles um Product Owner – wer sie sind, was von ihnen erwartet wird, was sie tun sollten und wie sie dies tun sollten, um effektiv zu sein sowie das Meiste aus Scrum herauszuholen und die bestmöglichen Produkte zu erschaffen.

Product Owner oder Produktmanager?

Grundsätzlich bin ich kein Mensch, der sich zu viele Gedanken um Rollenbezeichnungen oder Jobtitel macht. In meiner täglichen Arbeit werden Sie mich wahrscheinlich dabei ertappen, dass ich die Begriffe Product Owner und Produktmanager mehr oder weniger synonym verwende. Das liegt aber einfach nur daran, dass mir Titel relativ egal sind, solange die jeweilige Person ihren Job gut macht.

Jedoch herrscht allgemein etwas Verwirrung darüber, ob diese beiden Jobs nun die gleichen sind oder nicht. Meiner Meinung nach ist die Product Owner Rolle unter anderem so schwierig, weil sie über noch mehr Autorität verfügt als ein traditioneller Produktmanager – und der Job ist schon schwierig genug.

Zusätzliche Verantwortung macht einen Job aber nicht zwingend schwerer; zusammen mit der nötigen Autorität, den erforderlichen Fähigkeiten und dem richtigen Mindset kann es einen Job sogar einfacher machen. In Scrum soll dem Product Owner diese Autorität gegeben werden, es geht jedoch nicht allein um Macht.

Für agiles Produktmanagement benötigt man unter anderem Zeit, Erfahrung, ein gutes Bauchgefühl, Selbstbewusstsein, Bescheidenheit, Unabhängigkeit und Teamfähigkeit.

Im Rahmen dieses Buches und der Einheitlichkeit wegen werde ich den Begriff Product Owner benutzen. Sollten Sie selbst aber den Titel eines Produktmanagers tragen, glaube ich dennoch, dass es für Sie ebenso relevant ist, was ich zu sagen habe.

Gut vs. großartig

Diejenigen, die *Scrum Mastery* gelesen haben, kennen bereits meine Art und Weise, gute und großartige Verhaltensweisen zu differenzieren. Alle Verhaltensweisen, die ich in diesen Büchern beschreibe, sind positiv, denn ich habe erst sehr wenige Menschen getroffen, die absichtlich Dinge in den Sand setzen.

Diese Denkweise entspricht auch dem agilen Manifest, in welchem bestimmten Verhaltensweisen *mehr Wert* beigemessen wird als anderen; sie sollen sie jedoch nicht komplett ersetzen. Wenn Sie der Meinung sind, dass die großartigen Verhaltensweisen für Sie noch zu fortgeschritten sind, ist das auch in Ordnung. Gut ist in diesem Fall wirklich gut genug. Sie sollten sich jedoch immer bemühen, sich zu verbessern. Das ist ohnehin das Motto des Products Owners.

Was macht einen großartigen Product Owner aus?

Mit den Jahren habe ich ein Reihe von Eigenschaften erfolgreicher Product Owner identifizieren können; die besten unter ihnen haben einige gemeinsame Eigenschaften. Der Einfachheit wegen und weil man sich Akronyme besser merken kann, beschreibe ich die Eigenschaften großartiger Product Owner mit dem Akronym DRIVEN (dt.: engagiert, ehrgeizig).

DECISIVE (entscheidungsfreudig):
Sie sind gewillt und in der Lage, Entscheidungen trotz unvollständiger Informationen zu treffen, und erlauben es auch anderen, eigene Entscheidungen zu treffen.

RUTHLESS (unerbittlich):
Sie haben den unaufhaltsamen Drang, Wert zu maximieren sowie Risiken zu minimieren, und behalten dabei die Vision stets im Blick.

INFORMED (gut informiert):
Sie haben ein unersättliches Verlangen, so viel wie möglich über die Domäne des Produkts zu erfahren, sind aber darauf vorbereitet, auch mit unvollständigen Informationen zu handeln.

VERSATILE (flexibel):
Sie reagieren schnell auf sich verändernde Umstände – sowohl im Hinblick auf die Produktentwicklungsmethoden als auch auf den Führungsstil.

EMPOWERING (ermächtigend):
Sie erschaffen ein gemeinsames Verantwortungsgefühl bei den Stakeholdern und nehmen alle mit ins Boot.

NEGOTIABLE (verhandlungsfähig):
Sie haben Vertrauen in die Vision, sind aber gleichzeitig offen für Feedback und Veränderung.

In jedem Kapitel werden Sie ein oder zwei Geschichten finden, die diese Eigenschaften veranschaulichen. Außerdem gibt es jeweils einige theoretische Erklärungen sowie Fragen zum Reflektieren, die Ihnen dabei helfen sollen, Möglichkeiten zur Weiterentwicklung in dem jeweiligen Bereich zu finden. Ich beginne mit der Eigenschaft

Decisive (entscheidungsfreudig) und einer Geschichte über einen Product Owner, dessen Produkt scheiterte; und das zumindest zum Teil, weil er einfach keine Entscheidung treffen konnte.

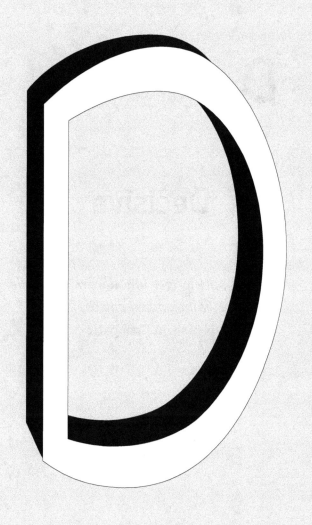

D RIVEN

Decisive

„Nichts ist schwieriger und darum wertvoller
als die Fähigkeit, zu entscheiden."
Napoleon Bonaparte

Einer der schwierigsten Aspekte dabei, ein Product Owner mit den erwähnten DRIVEN-Eigenschaften zu sein, ist, zu lernen, auch angesichts unvollständiger Informationen oder kollidierender Prioritäten willens und fähig zu sein, eine Entscheidung zu treffen. Wenn schwierige Entscheidungen anstehen, neigt man schnell dazu, sie aufzuschieben – da wird plötzlich ein wenig mehr recherchiert oder vorab noch schnell mit ein paar mehr Leuten ein Gespräch geführt. Ebenso verlockend ist es, die Entscheidung gar nicht zu fällen und einfach allen Leuten alles zu versprechen, was sie haben möchten. Wie Sie sich sicherlich vorstellen können, wird dann am Ende jedoch gar nichts von Wert geliefert.

Um diesen Tendenzen entgegenwirken zu können, müssen gute Product Owner zuerst die Gründe für ihre Passivität verstehen und dann konkrete Maßnahmen ergreifen, um Fortschritte zu machen, ohne künftig etwas aufs Spiel zu setzen. Konfrontiert mit Ängsten und Ungewissheit fühlen sich großartige Product Owner animiert, Entscheidungen zu treffen und voranzukommen.

Sicherzustellen, dass die richtige Entscheidung von den richtigen Leuten zum richtigen Zeitpunkt getroffen wird, erfordert viel Mut, Selbstvertrauen, Selbstreflexion und Bescheidenheit. Im Folgenden werden wir anhand einer Geschichte und einigen Diskussionen sehen, wie viel Mut und Vertrauen entscheidungsfreudige Product Owner in sich und andere haben sollten, um mit unvollständigen Informationen Entscheidungen treffen zu können und dabei nicht nur herauszufinden, was sie wissen, sondern auch, was sie nicht wissen. Wir werden außerdem verschiedene Strategien kennenlernen, durch die der Entscheidungsfindungsprozess im Allgemeinen einfacher, günstiger und leichter rückgängig gemacht werden kann.

Wir haben immer noch keine umfassende Evaluierung dessen, was alles verfügbar ist – und ich glaube, dass wir das auch niemals schaffen werden.

Hinauszögern und Entscheiden

Gute Product Owner zögern Entscheidungen hinaus,
wenn sie es können.
Großartige Product Owner treffen Entscheidungen,
wenn sie es müssen.

Kenny war Studio Designer in einem Unternehmen, das Videospiele entwickelte und bereits viele renommierte Auszeichnungen gewonnen sowie glänzende Kritiken für seine letzten Spiele erhalten hatte. Das Release des neuesten Spiels machte jedoch Schwierigkeiten. Nach einer neunmonatigen Forschungs- und Entwicklungsphase war das Entwicklungsteam endlich soweit, loszulegen. Diese lange Verzögerung hatte allerdings die Geldgeber des Unternehmens irritiert, die langsam nervös wurden. Kennys Chef Donald, der am meisten den Druck der Geldgeber zu spüren bekam, kam also in Kennys Büro, um sich nach den Fortschritten zu erkundigen. Eine seiner ersten Fragen war, warum sie so lange für Forschung und Entwicklung brauchten.

„Es war nie geplant, dass wir so lange dafür brauchen", gab Kenny zu. „Was wir gerade machen, ist quasi vergleichbar mit dem Entwickeln eines komplett neuen Betriebssystems. Daher wussten wir, dass Nachforschungen zu einer ganzen Reihe neuer Technologien nötig werden würden. Wir mussten sichergehen, die richtige Technologie zu wählen, weshalb wir drei bis fünf Monate dafür eingeplant hatten. Als wir jedoch soweit waren, unsere Ergebnisse vorzustellen, kamen schon wieder neue Technologien auf und wir planten ein paar Monate mehr ein, um auch diese auszuwerten."

„Ich glaube, ich weiß schon, wo das hinführt", sagte Donald. „Ihr dreht euch immer weiter im Kreis, denn es wird immer etwas Neueres da draußen geben, das vielleicht besser ist als das, was ihr zuvor gefunden habt."

„Ganz genau", bestätigte Kenny. „Um ehrlich zu sein, hätten wir wahrscheinlich in der Zeit, in der wir all diese Nachforschungen angestellt haben, auch eine ganze Reihe kleiner Spiele entwickeln können. Und das Schlimmste daran ist, dass wir nach dieser langen Zeit immer noch keine vollständige Auswertung aller verfügbaren Technologien haben – und ich glaube auch nicht, dass wir jemals an diesem Punkt ankommen werden."

Kenny und Donald diskutierten darüber, dass dies keineswegs eine ausweglose Situation war. „Ihr habt genug nachgeforscht, um eine Entscheidung treffen zu können", erklärte Donald. „Ihr müsst nur mutig sein und die beste Lösung wählen, die euch heute zur Verfügung steht."

Kenny stimmte zu. In den nächsten Tagen wählten er und sein Team die Technologie aus, die sie für die beste Lösung hielten, und gingen zur Planung des eigentlichen Spiels über. Bei der Planung zeigte Kenny aber wieder das gleiche Mindset, dem auch sein Wunsch zur vollständigen Analyse aller Technologieoptionen zugrunde lag.

Nach dem Meeting mit den Stakeholdern erstellte Kenny eine Liste mit Anforderungen, die das Team nach genauerer Betrachtung auf etwa drei Jahre Arbeit schätzte. Das wäre nicht weiter ein Problem gewesen, wenn die Stakeholder es dem Team erlaubt hätten, das Produkt iterativ und inkrementell zu liefern. Die Stakeholder waren jedoch fest der Meinung, das Spiel könne nicht in mehreren Stufen veröffentlicht werden, ohne dass die Alleinstellungsmerkmale des Spiels beeinträchtigt würden: die unbegrenzte Welt, in der sich der Spieler bewegen kann, sowie die vielen Optionen zur permanenten Konnektivität. Kenny war geneigt, dem zuzustimmen.

Obwohl Kenny und das Team einige Stunden mit der Überlegung verbrachten, wie man das Spiel in mehreren Inkrementen liefern könnte, entschied sich Kenny letzten Endes doch für „alles oder nichts". Auch wenn alle verstanden, dass es wichtig war, schnellstmöglich etwas von Wert marktfähig zu bekommen, konnten sich Kenny und die Stakeholder nicht genug von der einen großen Vision losreißen, um dies auch umzusetzen.

Einige Monate später drehten die Investoren den Geldhahn für die Entwicklung des Spiels ab. Es dauerte nicht lange und das einst so erfolgreiche Unternehmen schloss seine Türen für immer.

Was macht eine Entscheidung so schwierig?

Wie Kenny waren auch wir schon alle das ein oder andere Mal in einer Situation, in der wir uns einfach nicht entscheiden konnten. In Kennys Fall hat seine Unfähigkeit, eine Entscheidung zu treffen, ihm (und allen anderen Mitarbeitern im Unternehmen) den Job gekostet. Die Frage ist, warum es manchmal so schwer ist, eine Entscheidung zu treffen. In meinem Buch *The Coach's Casebook* schreibe ich über persönliche Eigenschaften und Fallen, in die Leute tappen können und die sie in ihrem privaten und beruflichen Leben ausbremsen, sowie über einige Strategien, um dem entgegenzuwirken. Einige dieser Erkenntnisse nehme ich in dieses Buch auf, um zu veranschaulichen, was unbewusst alles der Grund dafür sein kann, wenn eine oder mehrere der DRIVEN-Eigenschaften anfangs nur schwer erreichbar zu sein scheinen. Unentschlossene Menschen kämpfen häufig mit der Neigung, Dinge hinauszuzögern. Bei Kenny war dies definitiv der Fall.

Kurioserweise kann das Hinauszögern für die Entscheidungsfindung manchmal allerdings durchaus hilfreich sein. In einem unsicheren Umfeld kann es sehr wertvoll sein, Entscheidungen so lange wie möglich aufzuschieben, um sich selbst so viel Zeit wie möglich zu geben, ausreichend Daten für die bestmögliche Entscheidung sammeln zu können. Ein zusätzlicher Vorteil davon ist, dass manche Probleme einfach von selbst verschwinden, wenn man nicht sofort eine Entscheidung trifft.

In dem Artikel *„Waiting Game: What Tennis Teaches Us"* erklärt der Sozialwissenschaftler und Autor Frank Partnoy, wie alle Entscheidungen – vom Retournieren eines gegnerischen Aufschlags beim Tennis bis zur Abwicklung eines Geschäfts durch einen Börsenmakler – davon profitieren können, wenn man sie so lange wie möglich aufschiebt:

„Bei Reaktionen, die extrem schnell getroffen werden müssen, wissen die erfolgreichsten Experten instinktiv, wann sie kurz innehalten müssen, auch wenn es nur für einen Bruchteil einer Sekunde ist. Dasselbe gilt für längere Zeiträume: einige verstehen eher, wann man sich für die Pointe eines Witzes ein paar Sekunden mehr Zeit lassen sollte oder gar eine ganze Stunde abwarten sollte, um sich eine Meinung über eine andere Person zu bilden. Diese Fähigkeit ist zum Teil Bauchgefühl und zum Teil rein analytisch." *(2011, Abs. 3)*

Im gleichen Artikel beschreibt Partnoy, dass die besten Spieler möglichst lange den Rückschlag des Balls hinauszögern. Sie trainieren für eine höchstmögliche Schwinggeschwindigkeit, damit sie mehr Zeit haben, den Ball zu beobachten und eine Entscheidung bis zu einem optimaleren Zeitpunkt aufschieben zu können. Laut Partnoy „schieben diese Spieler eine Entscheidung auf – mit Lichtgeschwindigkeit." *(Abs. 2)*

Das Problem ist, dass wir jedoch nur selten mit Lichtgeschwindigkeit Dinge aufschieben. Stattdessen zeigt die Geschichte von Kenny besonders deutlich, dass ein sinnvolles Aufschieben beim Sammeln von Daten schnell zur kostspieligen und lähmenden Prokrastination werden kann. Eine ganze Reihe von Ursachen – von einfach bis komplex – sind für dieses Level an Prokrastination verantwortlich. Zu einigen von Kennys Problemen gehören:

- Eine erdrückend große Menge an Optionen bzw. Informationen
- Versagensangst
- Perfektionismus
- Mangel an Durchsetzungsvermögen

Am Anfang der Geschichte konnte Kenny sich nicht für eine bestimmte Technologie entscheiden. Tatsächlich verbrachte er neun lange Monate damit, alle möglichen Technologieoptionen zu recherchieren, und konnte trotzdem keinen klaren Gewinner ausmachen. Für Kenny gab es einfach zu viele Optionen und jedes Mal, wenn er glaubte, eine Entscheidung treffen zu können, taten sich neue Optionen auf.

Diese Unfähigkeit, bei vielen Möglichkeiten eine Entscheidung zu treffen, wurde von Sheena Iyengar und Mark Lepper erforscht. In ihrer Arbeit *"When Choice is Demotivating: Can One Desire Too*

Much of a Good Thing?" aus dem Jahr 2000 fanden sie heraus, dass 30 % der Probanden, denen sechs verschiedene Sorten Marmelade zur Auswahl standen, im Endeffekt eine dieser Marmeladen kauften. Mit einer Auswahl an 24 verschiedenen Sorten Marmelade, kauften jedoch ganze 97 % der Leute am Ende gar keine der Marmeladen. Iyengar und Lepper schlossen daraus, dass zu viele Optionen das Treffen einer Entscheidung schwieriger machen.

Auch wenn man in späteren Studien versucht hat, herauszufinden, ob das Problem zu viele Optionen oder zu viel Information ist, bleibt der Effekt doch der gleiche. Entscheidungen werden schwieriger, je mehr ähnliche Möglichkeiten man hat, die man nicht gut voneinander abgrenzen kann.

Können Sie die Anzahl der möglichen Optionen reduzieren?

Würde es Ihnen dadurch leichter fallen, sich zu entscheiden?

In dieser Geschichte scheint Kenny jedoch nicht nur das Überangebot an Optionen Probleme zu bereiten. Seine Angst, sich für die falsche oder auch nur nicht die optimalste Lösung zu entscheiden, kann entweder auf Versagensängste oder Perfektionismus hinweisen. Wie ich in *The Coach's Casebook* näher erläutere, verwechseln Personen, die aufgrund von Versagensangst Dinge aufschieben, häufig die Frage „Kann ich das schaffen?" mit „Kann ich das in sehr kurzer Zeit schaffen?". Es ist also nicht so, als könnten sie etwas nicht schaffen, sie können es nur nicht in so kurzer Zeit schaffen. Niemand, nicht einmal man selbst, kann einen dafür verurteilen, etwas unter dem gegebenen Zeitdruck nicht zu schaffen! Perfektionisten haben ein

ähnliches Problem. Sie haben solch eine Angst davor, eine Fehlentscheidung zu treffen, dass sie schlicht und einfach vermeiden,
überhaupt eine Entscheidung zu treffen. Dadurch vermeiden sie
nämlich auch, anhand einer nicht optimalen Entscheidung beurteilt
zu werden.

> Was glauben Sie, würde passieren,
> wenn Ihre Entscheidung sich als falsch
> herausstellen würde?
>
> Ist diese Annahme realistisch?

Später in der Geschichte, als sich Kenny und die Stakeholder dazu
entscheiden, das Projekt zu canceln, da sie sich nicht dazu durch-
ringen können, vorerst nur einen kleineren Teil des Spiels zu entwickeln, zeigt Kenny einen Mangel an Durchsetzungsvermögen (ggf.
zurückzuführen auf den übertriebenen Drang, es anderen Leuten
recht zu machen). Von der technischen Seite betrachtet, zeigt Kenny
auch einen Mangel an Verständnis für den Wert von inkrementeller
und iterativer Entwicklung bei seinen Entscheidungen.

Gute Product Owner wissen, dass man durch das frühe Ausliefern
funktionierender Inkremente und das daraus resultierende Feedback am besten sicherstellen kann, dass man das Produkt in die
richtige Richtung entwickelt. Großartige Product Owner sind in der
Lage, eine Übereinstimmung zu erreichen, wenn die Stakeholder
nicht zufrieden sind; und sie sind sich auch bewusst, dass keine
Entscheidung auch eine Entscheidung ist – die Entscheidung, im
Moment nicht zu handeln.

Wann sollte eine Entscheidung getroffen werden?

Product Owner müssen sich trauen, auch mit unperfekten und unvollständigen Informationen Entscheidungen zu treffen. Häufig ist gründliches Analysieren und Abwägen sehr von Vorteil beim Fällen von Entscheidungen. Großartige Product Owner finden jedoch auch andere Möglichkeiten, um schneller sichere Entscheidungen zu treffen – sie recherchieren, beraten sich mit anderen und gehen somit auf Nummer sicher.

Wenn es darum geht, den optimalen Zeitpunkt für eine Entscheidung zu finden, haben großartige Product Owner zwei Ziele vor Augen:

- Entscheidungen bis zum letzten noch verantwortbaren Moment aufschieben
- Frühe Entscheidungen erleichtern, indem die Toleranz gegenüber Fehlentscheidungen erhöht wird

Der letzte verantwortbare Moment ist der Punkt, an dem die negativen Auswirkungen einer nicht getroffenen Entscheidung größer werden als die einer getroffenen Entscheidung. Karl Scotland formuliert es so: *„Der letzte verantwortbare Moment ist kurz bevor die Nachteile des Aufschiebens die Vorteile des Aufschiebens übersteigen"* (2010, Abs. 2). Es war nicht falsch von Kenny, mit einer Entscheidung warten zu wollen, bis alle potenziellen Optionen ausgewertet sein würden. Immerhin ist es etwas Gutes, sich über die Zukunft Gedanken zu machen. Würden wir uns immer nur auf das Hier und Jetzt konzentrieren, hätten wir mit ziemlicher Wahrscheinlichkeit später große Probleme.

Ohne diese Voraussicht könnte es beispielsweise passieren, dass Produkte nicht zu den anderen Produkten im Portfolio passen oder dass die Wartungskosten aufgrund fehlender Standardisierung in die Höhe schießen. Bei starkem Zeitdruck und einer niedrigen Lebenserwartung von Produkten (und ganzen Unternehmen!) müssen sich Product Owner jedoch tatsächlich eher darauf konzentrieren, ein funktionierendes Produkt auf den Markt zu bringen, als das Design auf Zukunftstauglichkeit zu überprüfen. In dieser Geschichte war Kenny schon längst über den Punkt hinaus, an dem die Nachteile des Aufschiebens einer Entscheidung (der Verlust der Geldgeber) viel gravierender waren als die Vorteile (das Design auf Zukunftstauglichkeit zu prüfen). Vernünftigerweise nahm er am Ende den Rat seines Chefs an und entschied sich für die zu diesem Zeitpunkt beste verfügbare Lösung.

Trotz alledem wäre es besser gewesen, wenn Kenny eine Möglichkeit gefunden hätte, die negativen Auswirkungen einer eventuellen Fehlentscheidung zu reduzieren, so dass er eine frühere Entscheidung hätte treffen können. Eine falsche Entscheidung, die früh gemacht und früh durch Feedback aufgedeckt wird, ist relativ einfach und kostengünstig korrigierbar. Andersherum ist das Rückgängigmachen einer falschen Entscheidung, die früh gemacht wird aber nicht vor Ende des Projekts geliefert (und somit auch entdeckt) wird, extrem teuer und aufwendig. In ihrem Buch *Lean Software Development: An Agile Toolkit* erklären Mary und Tom Poppendieck, dass dies darauf zurückzuführen ist, dass sich zusätzliche Funktionalität und weitere Entscheidungen auf diese erste Fehlentscheidung stützen und somit die Kosten in astronomische Höhen treiben.

Wenn es mehrere Optionen gibt, wäre eine Möglichkeit zum Eingrenzen dieser verschiedenen Optionen, mehrere davon für einen gewissen Zeitraum gleichzeitig auszuprobieren. Das könnte etwa bedeuten, verschiedene Prototypen für Verpackungen zu designen und auf dem Markt zu testen, einen AB-Test für ein neues Design der Webseite durchzuführen oder zwei Call-Center-Skripts parallel auszuprobieren und Feedback dazu einzuholen, welches der beiden am effektivsten ist. Statt einer reinen Recherchephase hätte Kenny besser einen Monat dafür eingeplant, die zwei oder drei besten Technologieoptionen herauszusuchen. In der ersten Iteration hätte er dann das Team bitten können, das wichtigste Feature (oder einen Teil davon) mit diesen Technologien zu entwickeln.

Am Ende der ersten Iteration hätten Kenny und das Team nicht nur mehr Informationen über die jeweiligen Technologien gehabt, sie hätten auch etwas erschaffen, was sie den Geldgebern hätten demonstrieren können, um von ihnen Feedback einzuholen. An diesem Punkt hätten sie sich eventuell schon für eine der Technologien entscheiden können, oder sie hätten sich dazu entscheiden können, weiter zu testen. In jedem Fall hätten sie während dieses Prozesses bereits echte Features entwickeln können.

Im TED Talk „*Trial, Error and the God Complex*" im Jahr 2011 erklärte der Ökonom Tim Harford, wie die Trial-and-Error-Methode Unilever dabei half, ein revolutionäres neues Design für eine Düse in der Waschmittelproduktion zu finden. Das Design der Düse entstand durch das Testen von zehn unterschiedlichen Zufallsvariationen, von denen dann das beste Design erneut gegen zehn weitere Varianten getestet wurde usw. Nicht einmal die besten Designer bei Unilever konnten erklären warum das endgültige Design funktionierte, aber es funktionierte.

Ein Trial-and-Error-Ansatz erscheint vielleicht zuerst wie eine riesige Verschwendung (immerhin werden 99 % der Prototypen wieder verworfen). Wenn man die Antwort auf sein Problem jedoch nicht kennt und die negativen Auswirkungen einer Fehlentscheidung sehr groß sein können, minimiert das zeitgleiche Verfolgen mehrerer möglicher Lösungen während ein paar Iterationen die Risiken und gleicht damit die Verschwendung durch die Prototypen wieder aus. Außerdem hilft ein Arbeitsumfeld, in dem grundsätzlich viel experimentiert wird, dabei, die Angst vor Fehlentscheidungen zu reduzieren. Wie Edison einst sagte: „Ich bin nicht gescheitert. Ich habe nur 10.000 Möglichkeiten gefunden, die nicht funktionieren."

Hätten auch Kenny und das Team in unserer Geschichte einen solchen Ansatz ausprobiert, hätten sie nicht nur etwas Greifbares für weitere Recherchearbeit bekommen. Sie hätten auch einen viel besseren Überblick über die Vor- und Nachteile der Technologien bekommen, wenn sie diese genutzt hätten, um einige der echten Anforderungen des Spiels zu entwickeln.

Großartige Product Owner wissen, dass es sehr hilfreich ist, die Konsequenzen von Fehlentscheidungen zu reduzieren, um frühe Entscheidungen zu fördern und gleichzeitig unnötige Commitments möglichst lange aufzuschieben.

> Würden es Ihnen helfen, zu wissen, dass es keine perfekte Lösung geben kann?

Worauf als erstes konzentrieren?

Das wahre Todesurteil für Kennys Projekt kam, als er und die Stakeholder sich nicht darauf einigen konnten, ein Produkt zu definieren, das schnell geliefert werden konnte. Für sie gab es nur „Alles oder

Nichts" und das bedeutete, dass kein Teil des Produkts geliefert werden sollte, ehe nicht jedes gewünschte Feature fertiggestellt sein würde. Agile Product Owner haben auf die harte Tour gelernt, dass sie es sich nicht erlauben können, mit der gesamten Auslieferung bis zum Ende des Projekts zu warten.

Stattdessen beginnen agile Product Owner mit einer langen Liste von „Must-have" Produkten sowie einer noch längeren Liste von Features und konzentrieren sich als allererstes auf das wichtigste Produkt und dann auf das wichtigste Feature für dieses Produkt. Nach der Implementierung dieses ersten Features und dem Einholen von Feedback kann der Product Owner mit mehr Daten und weniger Ungewissheit das zweitwichtigste Feature in Angriff nehmen. Mit dieser Methode werden nicht nur mehr Features in kürzerer Zeit geliefert; zusätzlich werden Risiko und Ungewissheit für die noch verbleibenden Features mit jedem implementierten Feature weiter reduziert.

Aber wie entscheiden agile Product Owner, welches Produkt und welches Feature am wichtigsten ist? Häufig versuchen Product Owner diese Entscheidung danach zu richten, welche Features am meisten Wert liefern. Aber auch dieser Wert ist oft subjektiv und schwer zu definieren. Dazu existieren zahlreiche Priorisierungsstrategien; einen allgemeingültigen Ansatz gibt es nicht. Daher versuchen großartige Product Owner, ihre Priorisierungsstrategie an ihren aktuellen Kontext anzupassen – mit dem Ziel, so früh wie möglich das Risiko zu reduzieren und den Wert zu maximieren.

Wie bereits erwähnt, stehen Product Owner oft unter großem Zeitdruck. Aus diesem Grund berücksichtigen großartige Product Owner im Hinblick auf den Wert des Produkts nicht nur Umsatz und Gewinn, sondern auch die Kosten bzw. die Kosten für Verzögerungen.

Die folgende Tabelle zeigt drei fiktionale Produkte mit unterschied-lichen Zeitspannen, Kosten, Umsätzen und Gewinnen. Ich werde diese Projekte nutzen, um verschiedene Priorisierungsstrategien zu veranschaulichen, mit denen Product Owner herausfinden können, welches Produkt als erstes geliefert werden sollte.

Produkt	Dauer	Kosten	Erwartete Umsätze	ROI	CD3
Blau	3 Monate	£8.000	£45.000	5,625	15,00
Grün	4 Monate	£10.000	£75.000	7,500	18,75
Rot	5 Monate	£20.000	£85.000	4,250	17,00

Eine Strategie wäre, dem Produkt die höchste Priorität zu geben, das **am schnellsten fertig gestellt** werden kann. Das wäre schließlich die schnellste Möglichkeit, Wert zu schaffen. Wenn schnelle Resultate das Ziel sind, könnte sich der Product Owner für diese Reihenfolge entscheiden: Blau, grün und dann rot.

Eine andere Strategie wäre, die Projekte nach deren Umsatz zu priorisieren. Wenn also die **Maximierung des Umsatzes** Priorität hat, könnte der Product Owner die Produkte in dieser Reihenfolge liefern: Erst rot, dann grün und dann blau.

Der Profit ist aber vielleicht der ausschlaggebende Faktor. Wenn dem so ist, könnte der Product Owner eine einfache Return-on-Investment-Berechnung der Umsätze/Kosten durchführen, um herauszufinden, dass die beste Lieferreihenfolge im Hinblick auf den **Gewinn** grün, dann blau und dann rot wäre.

Ein weiterer relevanter Faktor können die Kosten sein, die durch eine Verzögerung entstehen; auch Cost of Delay oder CD3 genannt. CD3 ist die Kurzform für Cost of Delay geteilt durch die Dauer. Für CD3 gibt es noch viele andere Anwendungsbereiche, doch es ist auch vor allem ein großartiges Tool für Product Owner zur Bestimmung des relativen Werts konkurrierender Produkte. In der Praxis können diese Kosten recht schwer zu kalkulieren sein, da man viele Faktoren in Betracht ziehen muss, wie etwa die tatsächlichen Kosten, Opportunitätskosten, den höchstmöglichen Gewinn sowie den Grad an Wertverfall über einen bestimmten Zeitraum. Der Einfachheit halber nehme ich die *erwarteten Umsätze* in der Tabelle als Verzögerungskosten. Wenn der Product Owner also den Fokus auf das Produkt mit dem **höchsten CD3-Wert** legen möchte, dann könnten die Produkte in dieser Reihenfolge geliefert werden: Grün, dann rot und dann blau.

Derselbe Ansatz kann bei einer Produktentwicklung auch für die Priorisierung von Features genutzt werden.

Ich möchte betonen, dass keine dieser Priorisierungsstrategien grundsätzlich richtig oder falsch ist. Die beste Strategie ist immer die, die sich mit dem dringendsten Faktor der aktuellen Situation befasst. Jeder Product Owner muss anhand unvollständiger Informationen und ganz ohne Kristallkugel Entscheidungen treffen. Daher ist es oft unmöglich, eine perfekte Entscheidung treffen zu können. Jedoch können Product Owner das wichtigste Produkt oder Feature mit viel größerer Sicherheit ermitteln, wenn sie die verschiedenen Faktoren bewerten, die ein Produkt oder Feature wertvoll machen. Zusammen mit der iterativen und inkrementellen Auslieferung von hoch priorisierten Features werden imperfekte Entscheidungen dadurch wesentlich weniger kostspielig und riskant.

Die oben genannten Strategien bieten außerdem den Vorteil, dass Product Owner bewusste Entscheidungen im Hinblick auf eventuelle wirtschaftliche Kompromisse treffen können, welche ihre Entscheidungen beeinflussen, was wiederum das Risiko reduziert, dass Entscheidungen negative Auswirkungen auf die strategischen Ziele haben.

Mutig sein

Was auch immer das Problem sein mag und welche Strategie auch gewählt wird, um dieses Problem zu beheben, großartige Product Owner sind immer mutig genug, tatsächlich *eine Entscheidung zu treffen*. Sobald sie erst einmal eine Entscheidung getroffen haben, stehen sie voll hinter dieser Entscheidung; sie sind aber ebenso bereit, den Kurs aufgrund neuer Erkenntnisse anzupassen.

Denken Sie daran, dass *keine* Entscheidung auch eine Form von Entscheidung ist. Manchmal ist das die einzig richtige Entscheidung. Unnötige Entscheidungen in einer unsicheren Welt aufzuschieben, ist häufig eine sehr gute Strategie. Dabei sollte man sich aber immer bewusst sein, dass gute Product Owner zwar einige Entscheidungen aufschieben, großartige Product Owner jedoch niemals ihrer Pflicht, Entscheidungen zu treffen, aus dem Weg gehen.

Product Owner mit den DRIVEN-Attributen schaffen es, eine Balance zwischen schnellen Entscheidungen und dem Aufschieben von Commitments herzustellen. Wenn sie nicht weiterwissen, überlegen sie, was ihre Entscheidungsfindung beeinträchtigt, und gehen dieses Hindernis dann bewusst an; egal ob es sich dabei um Versagensangst, Perfektionismus, zu viele mögliche Optionen, den Mangel an Durchsetzungsvermögen etc. handelt.

Großartige Product Owner wissen, wie wichtig es ist, andere um deren Rat zu fragen.

Geben und Nehmen

Gute Product Owner wissen,
dass sie auch schwere Entscheidungen treffen müssen.
Großartige Product Owner wissen,
wann sie um Hilfe bitten müssen.

Gute Product Owner wissen, wann sie eine Entscheidung zum Wohle des Produktes fällen müssen. Außerdem wissen großartige Product Owner, wie wichtig es ist, vor einer Entscheidung andere um Rat zu fragen, die Entscheidung an andere Leute zu delegieren und deren Zustimmung zu bestimmten Entscheidungen einzuholen, die besonders komplex sind und z. B. mehrere Unternehmensbereiche betreffen. Das zu verstehen und es auch umzusetzen, sind allerdings häufig zwei paar Schuhe.

Einer der häufigsten Gründe dafür, dass gute Product Owner oft nicht um Hilfe bitten, hat mit dem Hochstapler-Syndrom zu tun. Im Allgemeinen kann man sagen, dass Leute mit dem Hochstapler-Syndrom glauben, sie seien nicht so gut, wie andere Leute glauben, und dass dieser Betrug irgendwann „auffliegen" wird. Auch wenn ich in *The Coach's Casebook* schreibe, dass das Hochstapler-Syndrom bei einigen Menschen auch ein Erfolgsfaktor sein kann, ist es doch meist eher schädlich als hilfreich.

Leute mit dem Hochstapler-Syndrom:

- sind unfähig, die eigenen Leistungen anzuerkennen.
- haben das Gefühl, Betrüger zu sein und dass andere Leute sie überschätzen.
- glauben, ihre Erfolge hätten nur mit dem Glück zu tun, zur richtigen Zeit am richtigen Ort gewesen zu sein.
- haben Angst davor, bloßgestellt und als Betrüger enttarnt zu werden.
- konzentrieren sich mehr darauf, was sie nicht können, statt darauf, was sie können.

Wenn man am Hochstapler-Syndrom leidet, wird es nicht nur schwieriger, sich selbst und seinen eigenen Entscheidungen zu vertrauen, sondern auch, es zuzugeben, wenn man etwas nicht weiß und man eigentlich Hilfe bei einer Entscheidung bräuchte. Wenn man sich ohnehin schon wie ein Betrüger fühlt, wird das Gefühl, nicht gut genug oder nicht klug genug zu sein, durch das Eingestehen der eigenen Unwissenheit nämlich nur noch verstärkt.

An sich glauben

Großartige Product Owner überwinden dieses Problem, indem sie sich zuallererst bewusst machen, dass das Hochstapler-Syndrom sehr verbreitet ist: tatsächlich stimmen meine Erfahrungswerte mit einer Studie von Margie Warrell aus dem Jahr 2014 überein, in der suggeriert wird, dass bis zu 70 % der Menschen bereits in irgendeiner Weise darunter gelitten haben. Sie sind also nicht alleine damit. Danach rufen sie sich ins Gedächtnis, was sie wissen und worin sie gut sind. Sie erkennen an, dass es weder unkultiviert noch arrogant ist, die eigenen Erfolge und Stärken zu schätzen zu wissen.

Ebenso sind sich großartige Product Owner im Klaren darüber, dass die Produktentwicklung ein komplexes Unterfangen ist und dass es unrealistisch ist, dass eine einzige Person sich mit allem auskennt. Leonard Read schreibt in seinem Essay *Ich, der Bleistift* recht wortgewandt über die vermeintliche Einfachheit eines Bleistifts:

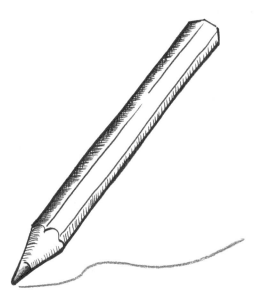

„Einfach? Gleichwohl weiß nicht eine einzige Person auf dem Boden dieser Erde, wie ich hergestellt werde." (1999, RP. 5)

Sich bewusst zu machen, dass sie nicht alles wissen müssen, hilft großartigen Product Ownern, sich selbst zu verzeihen, eben nicht perfekt zu sein und nicht auf alles eine Antwort zu haben. Dann fühlen sie sich selbstbewusst und sicher genug, um andere um Rat zu fragen. Sie wissen, dass es sie nicht etwa schwach oder dumm erscheinen lässt, sondern dass es sie stark und weise macht, wenn sie zugeben, dass sie etwas nicht wissen.

Aus diesem Grund vertrauen sie auch auf den Rat und die Empfehlungen anderer, wenn sie eine schwierige Entscheidung treffen müssen. Ihnen ist bewusst, wann sie selbst eine schwere Entscheidung fällen müssen und wann sie gewisse Entscheidungen an Leute mit mehr Wissen abgeben können; seien es die Mitglieder des Entwicklungsteams, wenn es darum geht, wie ein Produkt gebaut werden soll, oder Fachexperten im Hinblick auf Funktionalität und Nutzerfreundlichkeit.

Wie viele gute Entscheidungen haben Sie getroffen, die Sie vielleicht gar nicht bewusst wahrgenommen haben?

Entscheidungen nicht alleine treffen

Um die vielen unterschiedlichen Entscheidungen mit Hinblick auf Produkte und Features treffen zu können, erschaffen großartige Product Owner Teams, die aus Fachexperten bestehen und Product Owner Teams genannt werden. Sie beraten sich mit diesen Teams, wenn Nischenkenntnisse zu bestimmten Themen benötigt werden. Es gibt zwei Arten von Product Owner Teams:

1) Eine Gruppe von Product Ownern bei einer skalierten Produktentwicklung mit mehreren Entwicklungsteams.

2) Eine interdisziplinäre Gruppe von Leuten, deren kollektive Expertise erforderlich ist, um die Leitung der Produktentwicklung zu begleiten und zu unterstützen.

Auch wenn beide Arten von Teams nützlich sind, geht es in diesem Kapitel um die zweite Art von Teams.

> Wessen Rat könnte für Ihren Entscheidungsfindungsprozess noch hilfreich sein?

Wer sollte involviert sein?

Großartige Product Owner wissen, wer über welches Wissen verfügt und wen sie zurate ziehen können. Sie stellen sich folgende Fragen:

- Wer hat Informationen, die hilfreich sind, um die für das Produkt notwendigen Features definieren, priorisieren und verstehen zu können?
- Wessen Unterstützung werde ich im Hinblick auf den gesamten Produktentwicklungszyklus benötigen?

Manchmal ist die Antwort auf diese Fragen offensichtlich. Product Owner sollten jedoch vorsichtig sein, wenn die Entscheidung, wen sie einbeziehen sollten, zu einfach zu sein scheint. Es kann verlockend sein, sich nur mit den Leuten abzugeben, die man mag - Leute, die die eigenen Ansichten teilen und diese nicht zu stark infrage stellen.

Großartige Product Owner wissen jedoch, dass die besten Entscheidungen durch verschiedene Sichtweisen entstehen. Sie verstehen, dass Leute mit einer anderen Meinung sie nicht kritisieren möchten, sondern dass sie ihnen wertvolle neue Perspektiven aufzeigen. Sie bilden Teams mit Gleichgesinnten und Andersdenkenden und lassen sich auf beide Gruppen gleichermaßen ein.

In der Praxis bedeutet das, dass jedes Product Owner Team je nach Kontext anders ist und sich im Laufe eines Produktentwicklungszyklus verändern kann. Abbildung D-1 zeigt die verschiedenen Gruppen, die typischerweise in einem Product Owner Team vertreten sind:

Abb. D-1. Ein Product Owner Team repäsentiert die verschiedenen Interessen an einem Produkt.

Welche Entscheidungen können diese Personen treffen?

Das Product Owner Team soll den Product Owner unterstützen. Daher muss der Product Owner lernen, dem Urteilsvermögen des Teams zu vertrauen und zu den Entscheidungen zu stehen, die das Team treffen darf. Auch wenn die genaue Funktion von Team zu Team und eventuell sogar von Woche zu Woche eine andere ist, hat das Product Owner Team im Regelfall folgende Aufgaben:

- Wissen und Rat bezüglich Prioritäten, Risiken und Abhängigkeiten zur Verfügung stellen.
- Anforderungen zum Product Backlog beitragen, z.B. in der Form von User Stories.
- In Events wie dem Sprint Review Feedback zur Produktentwicklung geben.
- Als Fachexperte mit dem Entwicklungsteam bzw. den Entwicklungsteams kollaborieren.
- Nachgelagerte Systeme für die Produkte vorbereiten, die das Entwicklungsteam liefert.

Jedes Product Owner Team muss anhand der jeweiligen Umstände herausfinden, wie ihre Zusammenarbeit optimalerweise aussehen soll. Meiner Erfahrung nach arbeiten die meisten gut funktionierenden Product Owner Teams bei folgenden Gelegenheiten zusammen:

- Zu Beginn einer Produktentwicklung, wenn das Product Backlog und ein initialer Plan erstellt werden.
- Mindestens ein- oder zweimal in jedem Sprint, um Fragen und Probleme zu besprechen, die während des Sprints aufkommen.
- Einmal während jedes Sprints, um das Product Backlog für das nächste Sprint Planning Meeting vorzubereiten. Dies wird

normalerweise *Backlog Refinement Workshop* oder *Backlog Grooming Workshop* genannt.
* Im Sprint Review Meeting, um Feedback zur letzten Iteration zu geben.

Product Owner Teams sind eine gute Möglichkeit, um den komplizierten Job des Product Owners leichter zu machen. Seien Sie sich jedoch stets im Klaren darüber, dass die Verantwortung immer beim Product Owner bleibt, egal wie oder von wem eine Entscheidung getroffen wird. Aus diesem Grund ist es wichtig, dass der Product Owner und das Team eine konsequente Strategie für die Entscheidungsfindung entwickeln - und sich daran halten.

Wie werden Entscheidungen getroffen?

Einer der wichtigsten Punkte einer Entscheidungsfindungsstrategie ist es, Entscheidungen zu priorisieren, sich mehr Zeit für die kritischeren bzw. abstimmungsintensiveren Entscheidungen zu nehmen und zu verstehen, wann man weniger wichtige Entscheidungen an Personen delegieren kann, die geeigneter sind, sie zu treffen. Beispielsweise kann ein Product Owner ein Teammitglied mit Marketingerfahrung bitten, eine Gruppe von Beta-Nutzern auszuwählen, die am besten für das Release geeignet sind.

Verstehen Sie mich bitte nicht falsch. Ich will damit nicht sagen, dass Product Owner all ihre Verantwortlichkeiten an Product Owner Teams oder andere Stellvertreter abgeben sollen. Sie sollten Entscheidungen nur delegieren, wenn es wirklich sinnvoll ist. Alle essenziellen Entscheidungen sollten Sie selbst fällen und sich immer wieder daran erinnern, dass sie für alle Entscheidungen die Verantwortung übernehmen müssen, egal welche Priorität sie haben. Daher ist es von elementarer Bedeutung für eine effektive Entscheidungsfindungsstrategie, zu wissen, welche Entscheidungen besonders wichtig sind und welche delegiert werden können.

Nutzung einer Entscheidungsfindungsmatrix

Ich empfehle Product Ownern, eine Entscheidungsfindungsmatrix zu nutzen, um anstehende Entscheidungen besser bewerten zu können. Indem Product Owner die Komplexität einer Entscheidung, das Risiko einer falschen Entscheidung und das nötige Maß an Zustimmung erörtern, können sie die beste Strategie für die jeweilige Situation finden.

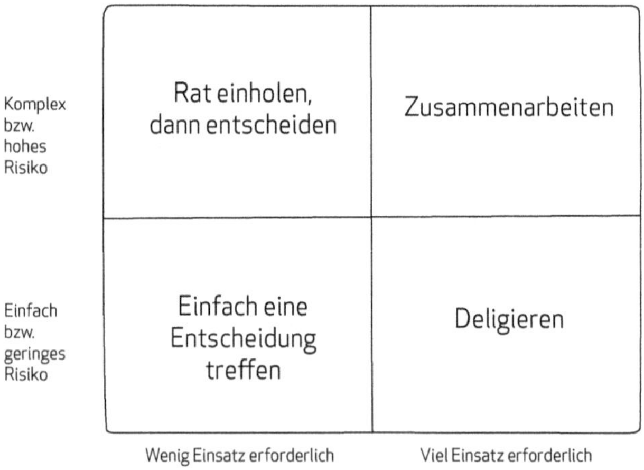

	Wenig Einsatz erforderlich	Viel Einsatz erforderlich
Komplex bzw. hohes Risiko	Rat einholen, dann entscheiden	Zusammenarbeiten
Einfach bzw. geringes Risiko	Einfach eine Entscheidung treffen	Deligieren

Abb. D-2. Eine Entscheidungsfindungsmatrix kann helfen, herauszufinden, wer eine Entscheidung treffen sollte.

Eine erste Taktik wäre, die einfachen Entscheidungen zu identifizieren, also jene, die nur ein geringes Risiko oder eine geringe Komplexität aufweisen und außerdem nur wenig Abstimmung erfordern. Großartige Product Owner können solch einfache Entscheidungen leicht identifizieren. Entweder treffen sie diese Entscheidungen schnell (wenn niemand eine besonders starke Meinung dazu hat) oder sie delegieren diese Entscheidungen (wenn sie sich mehr Input und Unterstützung der Stakeholder wünschen).

Zum Beispiel könnte ein Product Owner die Entscheidung für Größe und Form einer Verpackung für ein Produkt relativ schnell treffen. Wenn der Product Owner allerdings diese Entscheidung an eine andere Person abgeben würde, wäre diese Person plötzlich viel mehr an der Entwicklung des Produkts beteiligt und hätte dementsprechend auch ein größeres Interesse daran, dass das Produkt ein Erfolg wird. Je mehr jemand in den Entscheidungsfindungsprozess eingebunden ist, desto verbundener ist er mit dem Produkt und umso stärker steht er hinter einer Entscheidung.

Dieses Engagement zu erzeugen, ist ebenso wichtig, wenn Product Owner sich nicht nur auf ihre eigene Autorität verlassen müssen, um Erfolg zu haben. Das Releasedatum eines Produkts wird beispielsweise viele verschiedene Personen betreffen. Je mehr alle betroffenen Parteien an der Auswahl eines Releasedatums beteiligt sind, desto eher werden sie sicherstellen wollen, dass dieses Datum auch eingehalten wird.

Da das Releasedatum so viele Personen betrifft und auch große Auswirkungen auf den Profit des Unternehmens hat, ist es wohl wichtiger und komplexer als die Entscheidung über Form und Größe der Verpackung. Wenn es also um das optimale Releasedatum geht, werden die meisten großartigen Product Owner natürlich eher eine Strategie zur Zusammenarbeit statt zur Delegation wählen. Allerdings erfordert Zusammenarbeit auch mehr Zeit, Energie, diplomatisches Geschick und Geduld, als alleine eine Entscheidung zu treffen. Daher können Product Owner es sich nicht leisten, bei jeder Entscheidung die Zusammenarbeit als Strategie zu wählen. Das ist lediglich für solche Entscheidungen gedacht, die komplexer sind und ein größeres Maß an gemeinsamer Ausrichtung erfordern.

Das letzte Feld in der Matrix ist für Entscheidungen gedacht, die zwar komplex sind aber kein so hohes Maß an gemeinsamer Ausrichtung erfordern. Ein Beispiel dafür könnte sein, auswählen zu müssen, welche Produkte dritter Parteien bei der Entwicklung des Produkts integriert werden sollen bzw. welche Technologie dafür genutzt werden soll. In derartigen Situationen entscheiden sich großartige Product Owner häufig für eine „erst-informieren-dann-entscheiden"-Strategie. Dies sind Entscheidungen, die zu riskant sind, um sie zu delegieren oder die nicht kontrovers genug sind und somit keiner Abstimmung bedürfen, aber bei denen dennoch eine Expertenmeinung erforderlich ist. Bei solchen Entscheidungen holen großartige Product Owner so viele Informationen und Ratschläge wie möglich ein und treffen dann die Entscheidung.

Erstellen einer Einflussmatrix

Die meisten Felder der Entscheidungsfindungsmatrix beruhen darauf, mit Stakeholdern zusammenzuarbeiten, ihnen Entscheidungen zu übertragen oder sich mit ihnen zu beraten; und auch wenn ein Product Owner Team existiert, müssen diese Stakeholder nicht zwingend alle Teil dieses Teams sein.

Grundsätzlich ist jeder ein Stakeholder, der an dem Produkt beteiligt ist, den das Produkt betrifft oder der ein anderes Interesse daran hat. Etwas konkreter ausgedrückt sind Stakeholder Personen, deren Hilfe für Entwicklung, Auslieferung und Bereitstellung eines Produkts benötigt wird. Die Rolle, die die Stakeholder spielen, ist für jedes Produkt und jedes Unternehmen einzigartig.

Die Stakeholder zu identifizieren, ist allerdings nur die halbe Miete. Mit so vielen Leuten, die um die Zeit und Aufmerksamkeit des Product Owners kämpfen, müssen Product Owner wissen, wie sie sich auf optimale Weise mit den verschiedenen Stakeholdern auseinandersetzen können. Die folgende Matrix, entnommen aus *Strategic Management of Stakeholders: Theory and Practice* von Ackerman und Eden aus dem Jahr 2011, kann Product Ownern helfen, sich besser auf ihre Projekte zu fokussieren, schnell das gewünschte Engagement zu erzeugen und ihre Zeit so sinnvoll wie möglich zu nutzen.

	Wenig Einfluss	Viel Einfluss
Großes Interesse	Subjects	Players
Wenig Interesse	Crowd	Context setters

Abb. D-3. Durch eine Einflussmatrix kann die Einbindung der Stakeholder optimiert werden.

Crowd

Mit dieser Gruppe von Stakeholdern lässt sich am einfachsten umgehen, denn diese Personen sind in der Regel erstens nicht sehr an dem Produkt interessiert und zweitens haben sie keinen direkten Einfluss auf die Produktentscheidungen. Viele Product Owner sehen diese Gruppe als *potentielle* Stakeholder an, da diese Personen zu diesem Zeitpunkt nicht genug Interesse oder Einfluss haben, um bei dem endgültigen Produkt großes Mitspracherecht zu haben.

Im Normalfall ist es völlig ausreichend, diese Gruppe auf dem Laufenden zu halten und ihnen z.B. Zugang zu der Wiki-Webseite des Produkts zu geben oder ihnen ein Status-Update zu den wichtigsten Entwicklungen zukommen zu lassen.

Context Setters

Wie der Name schon vermuten lässt, hat diese Gruppe Einfluss auf den Kontext des Produktes, sonst besteht jedoch kaum Interesse an dem Produkt. Unter Umständen haben diese Personen nur Einfluss auf das Produkt, weil sie über sehr viel Macht verfügen. Behörden oder die Medien (die beide kein direktes Interesse an der Entwicklung des Produkts haben) können den Erfolg des Produkts beispielsweise beeinflussen. Da diese Gruppe normalerweise an der Kritik des Produkts bzw. der Durchsetzung von Regeln beteiligt ist, werden diese Personen auch als Referees (dt. Schiedsrichter) bezeichnet.

Großartige Product Owner stellen sicher, dass diese Gruppe das Gefühl bekommt, dass ihre Meinung, ihre Sorgen sowie ihre Ideen angehört und verstanden werden, oder zumindest versuchen sie, sicherzustellen, dass die Entwicklung des Produkts bei diesen Personen keinen Unmut hervorruft. Dies erreicht man in der Regel mit persönlichen Gesprächen.

Großartige Product Owner lassen es nicht zu, dass Personen dieser Gruppe sie einschüchtern oder ihnen Entscheidungen aufzwingen. Stattdessen sind großartige Product Owner zwar taktvoll aber dennoch willensstark und haben den Mut, wenn nötig auch mal nein zu sagen; selbst wenn sie es mit besonders starken – oder sogar penetranten – Persönlichkeiten zu tun haben.

Subjects

Diese dritte Stakeholder-Gruppe hat ein großes Interesse an dem Produkt und kann von Entscheidungen direkt betroffen sein. Jedoch haben diese Personen selbst nur relativ wenig Einfluss. Sie sind quasi abhängig von den Entscheidungen des Product Owners.

Großartige Product Owner nutzen es nicht aus, dass diese Gruppe so wenig Einfluss hat. Ganz im Gegenteil: großartige Product Owner beziehen diese Personen regelmäßig aktiv mit ein. Sie können sie beispielsweise zu den Sprint Review Meetings einladen und sich deren Feedback einholen. Wenn man es richtig anstellt, können diese Stakeholder zu engen Verbündeten und Befürwortern des Produkts werden. Das bedeutet allerdings nicht, dass die Product Owner mit jeder Idee oder Anfrage dieser Stakeholder einverstanden sein müssen.

Viele Product Owner sehen ihre Kunden und Nutzer in dieser Stakeholder-Kategorie. Für Organisationen, die ihre Produkte mit wenig Transparenz oder Feedbackmöglichkeiten entwickeln, mag das auch stimmen. Allerdings sind sich Product Owner in agilen

Organisationen bewusst, dass - auch wenn Kunden und Nutzer während der Entwicklungsphase in diese Kategorie fallen - diese Personen einen gewaltigen Einfluss auf den Erfolg des Produkts haben. Daher holen großartige Product Owner bewusst das Feedback von Kunden und Nutzern früh und oft schon während des Entwicklungsprozesses ein. Damit stellen sie sicher, dass diese Stakeholder schon während der Produktausrichtung Einfluss nehmen können und nicht erst nach dem Release.

Players

Diese Gruppe gehört zu den wichtigsten Partnern eines jeden Product Owners und sie sollten im gesamten Produktentwicklungszyklus eng mit ihnen zusammenarbeiten. Diese Gruppe hat nicht nur ein starkes Interesse an den Produktentscheidungen sondern auch großen Einfluss auf die Ausrichtung des Produkts. Sie sind häufig direkt von den Entscheidungen betroffen und daher besonders erpicht darauf, stets zu wissen, was gerade passiert.

Das Ziel großartiger Product Owner ist es, das Engagement dieser Personengruppe zu sichern und eine enge, vertrauensvolle Beziehung mit ihnen aufzubauen. Sie versuchen, sich das Feedback dieser Personengruppe anzuhören und, wenn möglich, deren Ideen und Wissen einzubinden. Diese Gruppe möchte regelmäßig eng an der Entwicklung des Produkts beteiligt sein und gute Product Owner verstehen die Vorteile dieser engen Zusammenarbeit für die Produktentwicklung.

Aufgrund der reinen Menge an Stakeholdern in diesem Bereich und deren Wichtigkeit, widmen großartige Product Owner den Großteil ihrer Zeit und Energie dieser Gruppe. Die Zusammenarbeit an sich ist nicht einfach und erfordert sowohl Bescheidenheit als auch Durchsetzungsfähigkeit. Beispielsweise versuchen großartige Product Owner zwar, Konsens mit diesen Stakeholdern zu erlangen, schrecken jedoch nicht vor schwierigen Diskussionen zurück. Sie geben sich nicht mit dem kleinsten gemeinsamen Nenner zufrieden und haben den Mut, auch eine Entscheidung zu treffen, wenn man sich nicht einigen kann. Auf die Zusammenarbeit werde ich später im Kapitel „Negotiable" etwas genauer eingehen.

Sich selbst und anderen vertrauen

In diesem Kapitel habe ich darüber geschrieben, dass Product Owner entscheidungsfreudig sein müssen. Das bedeutet auch, Entscheidungen genau dann zu treffen, wenn es nötig ist, und schwierigen Entscheidungen nicht aus dem Weg zu gehen. Dabei geht es jedoch nicht nur darum, Entscheidungen zu fällen; es geht auch darum, zu wissen, wann man keine Entscheidung treffen sollte. Großartige Product Owner sind weise genug, zu wissen, wann man eine Entscheidung aufschieben sollte. Allerdings ist ihnen auch bewusst, dass eine schnelle Auslieferung die beste Möglichkeit ist, die Auswirkungen schlechter Entscheidungen zu verringern. Die besten Product Owner wissen, wie sie eine gute Balance zwischen diesen beiden scheinbar gegensätzlichen Punkten schaffen. Die Produktentwicklung ist eine komplexe und fortlaufende Aktivität. Daher erschaffen und pflegen großartige Product Owner eine Entscheidungsfindungsstrategie. Ihnen ist klar, dass sie nicht alles wissen können, um jede Entscheidung zu treffen, und daher suchen sie bei Fachexperten oder sogar einem Product Owner Team Rat und Unterstützung.

Im Leben eines großartigen Product Owners ist ganz schön was los. Ein sinnvoller und nachhaltiger Entscheidungsfindungsprozess erlaubt es dem Product Owner, seine kostbare Zeit den wirklich wichtigen Dingen zu widmen. Das macht diese anspruchsvolle Rolle nicht nur etwas einfacher, sondern hilft Product Ownern auch dabei, langfristig effektiver zu werden.

Was beunruhigt Sie bei dem Gedanken, sich selbst oder anderen zu vertrauen?

Sind diese Sorgen begründet und realistisch?

DRIVEN

Ruthless

„Ein Mensch, der eitel ist, kann nie ganz roh sein; denn er wünscht zu gefallen, und so akkomodiert er sich anderen."
Johann Wolfgang von Goethe

Wie im vorigen Kapitel bereits erwähnt, müssen Product Owner bei der Entscheidungsfindung manchmal sehr entschlossen vorgehen. Verwechseln Sie das in diesem Kontext bitte nicht damit, brutal, grausam oder unfähig zu sein, zusammenzuarbeiten oder Kompromisse einzugehen. Es bedeutet einfach nur, dass Product Owner es sich nicht erlauben können, sich von Gefühlen leiten zu lassen, wenn es darum geht, was am besten für das Produkt, die Organisation, die Nutzer und die Kunden ist. Daher müssen Product Owner verstehen, wie wichtig es ist, gnadenlos gewisse Features und eventuell sogar Produkte abzulehnen – zumindest für den Moment – um sich auf wertvollere Dinge konzentrieren zu können.

Wert ist kein einfacher eindimensionaler Faktor. Der Wert eines Produkts für die Organisation kann Umsatzgenerierung, Kundenakquise oder auch technologische Konsolidierung sein. Manchmal kann es am wertvollsten sein, Risiken aufzudecken, um frühzeitig Fehler und Probleme zu finden, damit das Team ausreichend Zeit hat, diese Punkte anzugehen, oder damit die Produktentwicklung gestoppt werden kann, bevor zu viel Geld investiert wurde. Manchmal ist der Wert eines Produkts eine Kombination aus all diesen Faktoren. Aber was auch immer der Wert eines Produktes sein mag, großartige Product Owner sind unerbittlich, wenn es darum geht, diesen Wert zu identifizieren und zu liefern.

Wie wir in weiteren Geschichten sehen werden, sind großartige Product Owner diejenigen, die im Hinblick auf die Prioritäten des Produkts einen festen Standpunkt haben – selbst bei Uneinigkeiten und Problemen – um sicherzustellen, dass die wertvollsten Features und Produkte zuerst realisiert werden.

„Ich glaube fest daran, dass mein Plan funktionieren wird.
Das heißt aber nicht, dass es einfach wird, ihn umzusetzen."

Eins nach dem anderen

Gute Product Owner wissen, was benötigt wird.
Großartige Product Owner wissen, was warten kann.

„Leute, lasst uns eine Kaffeepause machen. Wir haben viel geschafft und ich glaube, wir haben uns etwas frische Luft und Koffein verdient", sagte Tom.

Zum ersten Mal in den letzten zwei Stunden lehnte Tom sich in seinem Stuhl zurück. Als Product Owner einer neuen wichtigen Produkteinführung hatte er unermüdlich mit den Stakeholdern daran gearbeitet, das bestmögliche Produkt für die Kunden zu visualisieren. Er war immer wieder erstaunt, wie viele neue Ideen aus solch einer Zusammenarbeit entstehen – alleine wären ihm die meisten der Features sicherlich nicht eingefallen. Als er sich das Whiteboard so anschaute, das durch eine bemerkenswert kreative und produktive Zusammenarbeit bis zum Überlaufen gefüllt war, fing er dennoch an, sich Gedanken über den nächsten Teil des Meetings zu machen. Die harte Wahrheit war, dass er diese brilliante Liste an Features, Ideen und Wünschen irgendwie auf die allerwichtigsten Features herunter kürzen musste – die Features, die es ihnen erlauben würden, die initiale Version des Produkts so schnell wie möglich auszuliefern.

Tom erinnerte sich noch gut an einige schreckliche Priorisierungsmeetings in dem Unternehmen, in dem er zuvor gearbeitet hatte. Dort nutzten sie ein dreistufiges System für die Priorisierung.

Priorität 1 (P1): Die wichtigsten Anforderungen

Priorität 2 (P2): Immer noch wichtig aber nicht so wichtig wie die P1-Anforderungen

Priorität 3 (P3): Etwas weniger wichtig als P2-Anforderungen

Auf den ersten Blick schien diese Eingruppierung sinnvoll. Bald musste Tom allerdings feststellen, dass fast alles in dem Product Backlog, den er übernommen hatte, Priorität 1 zu sein schien! Aus diesem Grund hatte Tom keine Idee, welche P1-Anforderung wirklich die wichtigste war oder wie er zwischen den sehr ähnlichen Anforderungen wählen sollte.

Als er sich mit einem anderen Product Owner, der schon länger in dem Unternehmen arbeitete, darüber unterhielt, erklärte dieser Product Owner, dass er eine neue Kategorie namens Priorität Null (P0) für die allerwichtigsten Features hinzugenommen hatte. Tom musste schmunzeln als er darüber nachdachte, dass es ihn nicht wundern würde, wenn man im Unternehmen plötzlich eine Priorität Minus Eins (P-1) für die wirklich, wirklich wichtigen Anforderungen einführen würde!

Als die Stakeholder von ihrer Kaffeepause zurückkamen, entschied Tom sich dazu, ihnen von dieser Priorisierungsgeschichte zu erzählen. Die Stakeholder mussten über die Eskalation der Kategorien lachen, so lächerlich fanden sie sie.

„Aber sie wussten schon, dass nicht alles eine Priorität 1 sein konnte, oder?", fragte jemand. „Auf gewisse Weise ja", sagte Tom. „Aber sie wussten auch, dass bei so vielen miteinander konkurrierenden

Anforderungen wohl alles, was nicht P1 ist, niemals implementiert werden würde. Also fingen alle damit an, zu begründen, warum ihre Anforderungen tatsächlich P1 waren."

Tom hielt kurz inne, um das sacken zu lassen, und sprach dann weiter. „Die Wahrheit ist, wenn alles die höchste Priorität hat, hat nichts die höchste Priorität. Diese Inflation der Prioritäten macht es extrem schwer, das zu tun, was am besten für das Produkt ist."

Die Stakeholder waren für einen kurzen Moment ganz still, während sie das Whiteboard voll mit grandiosen Ideen betrachteten – sie erkannten sofort, wie verführerisch es war, all diese Dinge haben zu wollen.

Jon (VP Marketing) ergriff das Wort. „Wir haben über Toms ehemaliges Unternehmen gelacht, aber ich muss zugeben, dass ich mir nicht sicher bin, wie wir diese lange Liste kürzen können. Ich liebe alle diese Ideen, besonders meine eigenen!", scherzte er. Wieder lachten alle. „Aber im Ernst, Tom, was schlägst du vor, wie wir vorgehen sollten?"

„Product Owner sollten bei der Priorisierung unerbittlich sein. Und um das zu schaffen, muss man wissen, was tatsächlich den größten Wert hat – und irgendetwas hat immer den größten Wert. Das konnte ich in meinem vorherigen Unternehmen vermitteln, indem ich die Beteiligten auf die Inflation der Prioritäten hinwies. Ich erklärte ihnen, wenn wirklich alles gleich wichtig sei, sollte es keinen Unterschied machen, was man zuerst erledigt. Dann schlug ich vor, das Entwicklungsteam das nächste zu implementierende Feature wählen zu lassen."

„Also habt ihr einfach das Team entscheiden lassen?", fragte Jon ungläubig. „Wie ging es weiter?"

„Das war sehr interessant", sagte Tom. „Als erstes fiel mir auf, dass wieder ein wenig Enthusiasmus in dem Team aufkam, das unter dem permanenten Zufluss von hoch priorisierten Items gelitten hatte. Zweitens fiel mir auf, dass die Stakeholder und ich vor einigen der Entscheidungen des Teams zurückschreckten. Wir schauten uns an als wollten wir sagen: ‚Oh nein! Nicht *dieses* Item!' Immerhin wussten wir sofort, dass zumindest *nicht alle* Items höchste Priorität hatten."

Die Stakeholder kicherten noch mehr.

Tom fuhr fort: „Das Team eine Auswahl treffen zu lassen, hatte zwei Gründe: Erstens machte es deutlich, dass es tatsächlich einige Features gab, die wichtiger waren als andere. Und zweitens bekam das Team ein Mitspracherecht. Wir wussten aber, dass wir ein funktionierendes System für die Priorisierung finden mussten, um das richtige Produkt entwickeln zu können. Wir waren uns einig, dass die Kategorisierung in P1, P2 und P3 es den Leuten zwar einfach machte, Dinge zu gruppieren – zu einfach – aber auch, dass diese Kategorisierung noch nicht ausreichend war. Man konnte nicht erkennen, *wie viel* wertvoller P1 im Gegensatz zu P2 war. Daher entschieden wir uns dazu, es mit einer einfachen Staffelung zu versuchen. Im Grunde genommen bedeutete dies, dass keine zwei Items die gleiche Priorität haben konnten. Stattdessen wird jedem Item ein Wert zugewiesen, der mit dem Wert der anderen Items verglichen wird. Wir nutzten eine Maßeinheit, die ich Tom-Dollars nannte; einige Items waren 500 Tom-Dollars wert, andere nur 50. Um den Leuten dabei zu helfen, den Items einen realistischen Wert zuzuweisen, definierten wir einige Faktoren mit Hinblick auf die Produktvision."

Nach einer kurzen Unterhaltung zu Wertfaktoren und Vision konnten sich die Stakeholder darauf einigen, einen Ranking-Prozess auszuprobieren.

Tom erläuterte: „Hier ist mein Vorschlag. Für das erste Release möchte ich ein paar wichtige Kunden ins Visier nehmen, die mit ihrem aktuellen Anbieter unzufrieden sind." Dann machte er genauere Angaben über diese erste Kundengruppe und erklärte im Anschluss seinen Plan, die Vision mit der Zeit weiterzuentwickeln: „Ich glaube, wenn wir diese Kundengruppe als erstes an Bord holen, werden wir nicht nur in der Lage sein, bereits Umsatz zu generieren, sondern wir können vielleicht auch etwas Aufsehen erregen. Beim zweiten Release können wir das Ganze dann ausweiten und einige zusätzliche Features hinzufügen, um unsere Nutzer-Basis zu erweitern. Beim dritten Release können wir uns schließlich auf die Bereiche mit einer größeren Gewinnmarge konzentrieren.

Als er sich so im Raum umsah, konnte Tom am Nicken und den nachdenklichen Gesichtern erkennen, dass scheinbar jeder die Logik seines Ansatzes verstanden hatte. Er beschloss, diesen Moment zu nutzen, um die Stakeholder um ihre Unterstützung bei der Realisierung der Vision zu bitten:

„Ich habe wirklich das Gefühl, dass mein Plan funktionieren wird. Das heißt aber nicht, dass es einfach sein wird", sagte er und zeigte dabei auf das Whiteboard. „All diese Features sind wertvoll und wichtig. Die Wahrheit ist jedoch, dass wir es uns wahrscheinlich nicht leisten können, alle zu entwickeln und erst recht nicht alle gleichzeitig. Aus diesem Grund müssen Sie mir helfen, bei dieser Liste rigoros vorzugehen. Wenn wir uns nicht einigen können, werde ich die finale Entscheidung treffen, aber alles wird viel reibungsloser laufen, wenn wir uns einig sind, wie wir die Features priorisieren."

Der restliche Teil des Workshops verlief gut. Immer wenn Unstimmigkeiten auftauchten, erinnerte Tom alle Beteiligten an ihre Vision und die relative Gewichtung der Features. In den Fällen, in denen die Stakeholder sich nicht einigen konnten, traf Tom die Entscheidung selbst und sorgte so dafür, dass das Meeting zügig voranschreiten konnte. Nach zwei Stunden hatte die Gruppe eine Einigung über das erste Release des Produkts erreicht: Ein Minimum Viable Product (MVP), das nur aus den wertvollsten Features für die erste Kundengruppe bestand.

Was ist das absolute Minimum, das dieses Produkt können muss, damit wir es liefern können?

„Nein" bedeutet „nicht jetzt"

In dieser Geschichte arbeiteten Tom und die Stakeholder gemeinsam daran, eine lange Wunschliste an Features zu erstellen. Obwohl theoretisch jeder zustimmte, dass das Produkt nicht alles – zumindest nicht alles gleichzeitig – beinhalten konnte, ist es in der Praxis doch oft schwer, nein zu sagen.
Es gibt verschiedene Faktoren, die eine rigorose Priorisierung schwierig gestalten, besonders für Leute, für die die Product Owner Rolle neu ist. Als erstes ist da die Tendenz, es allen recht machen zu wollen – nachzugeben und jedem Stakeholder zumindest einige seiner

gewünschten Features zu liefern. In den äsopischen Fabeln heißt es: „Willst du es allen recht machen, so machst du es niemandem recht." Nirgends trifft das mehr zu als bei der Produktentwicklung.

Stakeholder, Nutzer, Kunden – sogar das Entwicklungsteam – alle haben unterschiedliche Bedürfnisse und gute Gründe, warum die von ihnen vorgeschlagene Lösung die höchste Priorität haben sollte. Wenn Product Owner versuchen, all diese Bedürfnisse gleichzeitig zu berücksichtigen, bekommen sie am Schluss ein aufgeblähtes Backlog mit Features der höchsten Priorität ohne die Möglichkeit, herauszufinden, welche davon als erstes erledigt werden sollten. Das daraus resultierende Produkt (falls das Team in der Lage sein sollte, eines zusammenzuwürfeln) wird dann wahrscheinlich ein großes zusammengemixtes Durcheinander sein statt eines zielgerichteten und zweckmäßigen Releases.

Der zweite Faktor, der eine effektive Priorisierung erschwert, ist die Tatsache, dass Menschen nur schwer mit Verlust umgehen können; auch wenn es sich dabei nur eine Idee handelt.

Sobald man in etwas Zeit und Mühe investiert hat, sei es auch nur, dass man sich darüber Gedanken macht und eine User Story schreibt, will man nicht, dass dieser Aufwand umsonst war. Für Menschen kann es wirklich schmerzlich sein, loslassen zu müssen, egal ob es dabei um den Fokus auf ein bestimmtes Kundensegment geht oder um das Lieblingsfeature – selbst wenn es nur vorübergehend ist. Sie haben Angst, und das oft berechtigterweise, dass ihre Ideen niemals implementiert werden, wenn sie nicht darauf pochen. Als Resultat dessen wird das Backlog immer größer und das Produkt gerät ins Trudeln.

Der Schlüssel zur Überwindung dieser natürlichen Neigung ist, zu tun, was Tom in der Geschichte getan hat und was Stephen Covey in seinem Buch *Die 7 Wege zur Effektivität* empfiehlt, und zwar dass tief in jedem ein größeres „Ja" lodern sollte (149). Anders ausgedrückt sollten alle auf eine gut formulierte Vision fokussiert sein – das große, lodernde Ja – und objektiv jedes Feature dahingehend bewerten, ob es für die Erfüllung dieser Vision erforderlich ist oder nicht. Erinnern Sie alle Beteiligten daran, dass man zwar vielleicht mit „Nein, nicht jetzt!" auf einige Anfragen antworten wird, aber dass das nicht automatisch bedeutet, dass man „Nein, niemals!" dazu sagt. Beruhigen Sie die Leute, indem Sie ihnen zeigen, wie sich die Vision weiterentwickeln wird, um nach und nach auch die Features mit niedrigerer Priorität zu berücksichtigen.

Eine rigorose Priorisierung ist gleichzeitig so simpel und doch so schwer. Schauen wir uns als nächstes ein paar praktische Tipps, die Ihnen das Priorisieren erleichtern werden.

Gibt es für die nächsten 6 - 18 Monate eine Roadmap für das Produkt?

Wissen andere Leute davon?

Das Backlog als Rangliste

In dieser Geschichte erzählt Tom von seinen Erfahrungen mit der Staffelung von Prioritäten, und warum er das rigorosere System einer Rangliste bevorzugt. Schauen wir uns noch einmal die Hauptpunkte an.

Die Gruppierung für eine Priorisierung kann verschiedene Formen annehmen:

- P1, P2, P3
- Hoch, Mittel, Niedrig
- MoSCoW: Must (Muss), Should (Soll), Could (Kann), Won't (Wird nicht umgesetzt)
- Oblitatorisch, Wichtig, Dringend!

Diese Beispiele scheinen für das Organisieren konkurrierender Features gut geeignet zu sein, jedoch werden sie schnell zu grob, um hilfreich zu sein, besonders bei Features mit hoher Priorität. Wenn mehrere Features gleich priorisiert werden (z.B. P1 oder P0), ist es unmöglich, zu wissen, welches Feature tatsächlich das wertvollste ist.

In der oben genannten Geschichte übernahm Tom eine riesige Liste an P1-Features und eine Gruppe von Stakeholdern, die der Überzeugung waren, kein Feature in dieser Liste sei wichtiger als die anderen. Um diese festgefahrene Situation zu lösen und klarzumachen, dass einige Features in der Tat wertvoller sind als andere, ließ Tom das Entwicklungsteam eine Iteration mit den P1-Features füllen, die sie selbst aussuchen konnten. Auch wenn das Team sich freute, endlich weiterzukommen, zeigten die Stakeholder eine etwas emotionalere Reaktion auf die Entscheidungen des Teams. Dies bestätigte Toms Standpunkt: Einige Features waren deutlich wertvoller als die restlichen und daher benötigten die Stakeholder ein bessere Methode, um die wertvollsten Features zu differenzieren.

Mit einer klaren Reihenfolge kann man hoch priorisierte Features deutlich voneinander abgrenzen, indem man der Regel folgt, dass keine zwei Features dieselbe Priorität haben können. Die Reihenfolge hängt von der relativen Bewertung eines Items ab, oder anders gesagt, von dem relativen Wert eines Items gegenüber den anderen Items.

#	Feature	Wert
1	---	$1000
2	---	$900
3	---	$850
4	---	$849
5	---	$800
6	---	$799
7	---	$750
8	---	$500
9	---	$475
10	---	$450
11	---	$430
12	---	$300
13	---	$250

Abb. R-1. Mit dieser Art von Ranking lassen sich hochpriorisierte Features gut vergleichen.

In der Geschichte nutze Tom sogenannte Tom-Dollars als Maßeinheit für den Wert der Features; aber Sie können auch jede andere Einheit nutzen, die in Ihrem Kontext sinnvoll ist. Die Idee dahinter lautet wie folgt: Kein Item kann den gleichen Wert haben wie ein anderes Item und der Wert jedes Features wird anhand des Werts der anderen Features festgelegt. Beispielsweise hat in Abb. R-1 das Item 10 einen Wert von 450 Tom-Dollars. Item 2 ist dagegen mit 900 Tom-Dollars doppelt so wertvoll.

> Was glauben Sie, was Ihre Nutzer für die verschiedenen Product Backlog Items bereit wären, zu zahlen?

Wie jede Regel kann auch die Aussage „Keine zwei Items können dieselbe Priorität haben" zu weit getrieben werden. Es wird sicherlich nicht nötig sein, zwischen den beiden Items der höchsten Priorität zu unterscheiden, da sie wohl beide in der ersten Iteration fertiggestellt werden. Zu wissen, welches Item Priorität 9 und welches Priorität 10 hat, kann jedoch den Unterschied machen, welches Item in der ersten Iteration geliefert wird und welches auf die zweite Iteration warten muss.

Am Ende der Priorisierungsliste nimmt der Mehrwert der genauen Unterscheidung der Features hingegen wieder ab. Sich beispielsweise Gedanken darum zu machen, ob etwas Priorität 199 oder 200 haben sollte, ist die Mühe nicht wert, vor allem wenn das Team normalerweise ca. 8-10 Items pro Iteration liefert. Bei dieser Liefergeschwindigkeit ist es nicht sehr wahrscheinlich, dass das Team diese Arbeiten überhaupt anfangen wird.

Die meisten Product Owner gehen die Priorisierung eher pragmatisch an. Am oberen Ende des Backlogs sind sie streng, was die Feinheit der Priorisierung angeht; gegen Ende des Backlogs nutzen sie die Vorteile einer gröberen Gruppierung für die Priorisierung der Features.

Die Vision im Fokus

Um noch einmal Stephen Covey zu zitieren: „Man muss sich entscheiden, was die höchsten Prioritäten sind, und man muss den Mut haben - freundlich, lächelnd und ohne sich zu rechtfertigen - ‚Nein' zu anderen Dingen zu sagen. ... Der Feind des ‚Besten' ist häufig das ‚Gute'" (157). Menschen haben eine natürliche Tendenz, zu allem „Ja" zu sagen und gute Ideen nicht loslassen zu wollen. Trotz alledem wissen gute Product Owner, dass sie auch lernen müssen, zu Ideen, die sie gut finden, „Nein" zu sagen (oder zumindest „Nicht jetzt") und sie loszulassen.

Das ist der Grund, warum großartige Product Owner häufig ein ähnliches Muster für die Priorisierung haben. Sie kommunizieren eine Vision, erlauben die Weiterentwicklung, bestimmten Wertfaktoren und treffen eine Entscheidung für eine begrenzte Liste an Features für die nächste (bzw. initiale) Version des Produkts. Abb. R-2 zeigt und beschreibt dieses Muster.

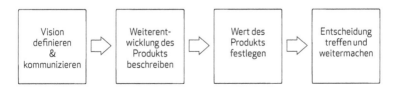

Abb. R-2. Großartige Product Owner haben ein ähnliches Muster für die Priorisierung.

Großartige Product Owner **definieren und kommunizieren eine geschlossene wertorientierte Vision** für das Produkt, sodass ermittelt werden kann, welchen Beitrag jedes Feature zur Erreichung dieser Vision beiträgt. Ein gemeinsames Verständnis unter den Stakeholdern erlaubt es der größeren Gruppe außerdem, im Hinblick auf das Treffen von Entscheidungen besser zusammenzuarbeiten, wodurch der Druck auf den Product Owner verringert wird. Für die Entwicklung einer effektiven Vision identifizieren großartige Product Owner die spezifische Nische und/oder die spezifische Zielgruppe, die anvisiert werden soll. Auch wenn sie in die Versuchung kommen, ein Superprodukt erschaffen zu wollen, das jeden zufriedenstellen soll, wissen sie, dass die erfolgreichsten Produkte solche sind, die nur einen begrenzten Umfang haben und ein ganz bestimmtes Publikum ansprechen.

Als nächstes beruhigen großartige Product Owner ihre Stakeholder, indem sie ihnen **die Weiterentwicklung des Produkts erklären**. Sie erinnern alle Beteiligten daran, dass man früh Wert liefern - und Risiken reduzieren - kann, wenn man einen iterativen Prozess verwendet. Ihnen ist bewusst, dass es für die Organisation möglich ist, ein Produkt schnell zur Marktreife zu bringen (oder zumindest schnell empirisches Feedback einzuholen), wenn man sich auf ein absolutes Minimum an Funktionalität - das Minimum Viable Product - fokussiert. Sie sind bereit, „Nicht jetzt!" zu einigen Features zu sagen, und damit wichtige aber nicht essenzielle Features wegzulassen.

Um die Priorisierung in Form einer Rangliste zu ermöglichen, legen großartige Product Owner darüber hinaus fest, **was genau „Wert" für ihre Vision bedeutet**. Die meisten Produkte haben viele solcher Wertfaktoren: von der Kundenbindung bis zur Kundenakquise, von der Marktdifferenzierung bis zur Integration von Produktlinien, vom

Einsatz neuer Technologien bis hin zur Verbesserung der Konkurrenzfähigkeit. Großartige Product Owner sammeln all diese Faktoren und kommunizieren deren Wichtigkeit, sodass sich jeder bewusst ist, was mit dem jeweiligen Teil der Produktentwicklung erzielt werden soll. Gut definierte Wertfaktoren helfen allen Beteiligten, den relativen Wert der Features im Product Backlog festzulegen, ohne auf detailliertes Mikromanagement angewiesen zu sein.

Welche Faktoren berücksichtigen Sie bei der Priorisierung des Product Backlogs?

Wert? Kosten? Risiko? Lernprozess? Ungewissheit? Neuartigkeit? Abhängigkeiten?

Die ersten drei Faktoren in Abb. R-2 zielen darauf ab, die Stakeholder in den Entscheidungsprozess, welche Features in die initiale Produktversion aufgenommen werden und welche nicht, einzubinden. Durch das Definieren von Vision, Weiterentwicklung sowie der Wertfaktoren involvieren großartige Product Owner andere Personen in den Entscheidungsfindungs- und Produktentwicklungsprozess. Manchmal müssen großartige Product Owner allerdings Daten, Analyse und Verhandlungen beiseitestellen, um zum Wohle des Produkts eine Entscheidung zu treffen und voranzukommen. Die besten Product Owner sind sich bewusst, dass sie diesen Trumpf immer in der Hinterhand haben, spielen ihn jedoch nur aus, wenn es wirklich notwendig ist.

Bei Schwierigkeiten zurück auf Anfang

Eine Idee loszulassen, ist für viele Menschen nicht einfach; Product Owner sind da keine Ausnahme. Wenn Sie Probleme damit haben, so rigoros zu sein, seien Sie nicht zu hart zu sich selbst. Machen Sie sich bewusst, was gerade passiert, und fangen Sie von vorne an.

Großartige Product Owner trainieren sich darauf, aufmerksam zu beobachten, wann sie emotional zu sehr an einer Idee hängen und unvernünftig werden. Sie entwickeln auch ganz individuelle Strategien, um zu einer strikteren Haltung zurückzukehren, damit sie wieder in der Lage sind, eine objektive Bewertung vornehmen zu können.

Zu diesen Strategien gehören häufig die Folgenden:

- Sich eine Atempause gönnen und einen klaren Kopf bekommen.
- Sich auf die positiven Aspekte der Entscheidung konzentrieren. Denken Sie daran, dass Sie anderen Dingen eine größere Chance auf Erfolg einräumen, wenn Sie rigoros priorisieren. Konzentrieren Sie sich mehr auf diesen Aspekt als darauf, was Sie evtl. loslassen müssen.
- Sprechen Sie mit völlig neutralen Personen darüber - vielleicht mit einem Coach, einem Freund, dem Partner oder einem Kind. Eine neutrale Partei kann oft dabei helfen, Annahmen oder eine versteckte Befangenheit aufzudecken.
- Bewerten Sie sowohl die Kosten als auch den Wert einer Sache. Diese Kosten können sowohl Opportunitätskosten (indem wir uns für eine Sache entscheiden, können wir eine andere Sache nicht angehen) als auch die laufenden Kosten (Support- und Wartungskosten, Komplexitätskosten usw.) sein.

Rigoros zu sein, erfordert Mut; diese Tatsache kann man einfach nicht beschönigen. Großartige Product Owner sind sich im Klaren darüber, dass strikte Entscheidungen bei verschiedenen Interessen zu ihrem Job gehören. Um es Ihnen etwas einfacher zu machen, denken Sie einfach immer daran, dass in einem sich weiterentwickelnden agilen Projekt jedes „Nein" eigentlich ein „Nicht jetzt" ist. Nutzen Sie zusätzlich Ranglisten, um verschiedene Features mit hoher Priorität unterscheiden zu können. Großartige Product Owner bewerten den Wert eines jeden Features vor dem Hintergrund einer eindeutigen Produktvision und teilen diese Vision sowie ihre Entscheidungen den Stakeholdern mit. Wenn die Umstände es dann erfordern, sind sie bereit, rigoros eine Entscheidung zu treffen und weiterzumachen, da sie wissen, dass das Produkt auf diese Weise die größten Erfolgschancen bekommt.

Dranbleiben oder Aussteigen

Gute Product Owner gehen kalkulierbare Risiken ein.
Großartige Product Owner wissen, wann sie aus dem Spiel
aussteigen sollten.

Die Geschichte im vorigen Kapitel endete damit, dass Tom und die Stakeholder die notwendigen Features für das erste Release identifizierten. Toms Arbeit hörte an dieser Stelle aber nicht auf. Seine nächste Herausforderung bestand darin, herauszufinden, wie lange es wohl bis zum Release dauern würde.

Um das in Erfahrung zu bringen, buchte ScrumMaster Sal eine tolle Location für einen Release Planning Workshop. Es gab nicht nur ausreichend Platz für die gemeinsame Zusammenarbeit, sondern auch einige separate Bereiche, um sich in kleinere Gruppen aufteilen zu können. Da die meisten Stakeholder sich bereits am Vorabend für ein gemeinsames Abendessen eingefunden hatten und die Gelegenheit gehabt hatten, sich etwas besser kennenzulernen, schien die Stimmung recht positiv als Sal und Tom am nächsten Morgen das Meeting eröffneten.

Sal verkündete die Agenda sowie die Ziele für den Tag und gab das Wort dann schnell weiter an Tom, der mit der Produktvision den Rahmen absteckte. Er fuhr fort mit einer kurzen Erklärung des Prozesses zur Definierung der verschiedenen Wertfaktoren und dem strengen Fokus auf das MVP für das erste Release, den er mit den Stakeholdern durchlaufen hatte.

Die Teammitglieder waren überrascht von den Inhalten, da viele Features, um die die Stakeholder in der Vergangenheit so viel Wind gemacht hatten, nicht in das Release aufgenommen worden waren. Gleichzeitig hatten die Teammitglieder aber auch Hochachtung vor dem schwierigen aber wertvollen Prozess, den Tom durchlaufen hatte.

Tom richtete sich nun an das Team und sagte: „Diese Liste von Features ist das absolute Minimum an Features, die wir haben müssen, um ein erstes umsetzbares Release zu bekommen. Was ich von euch benötige, ist eine Einschätzung für jedes dieser Features. Das Ziel dieser Einschätzung ist es, herauszufinden, ob das Release innerhalb der vorgegebenen Zeit möglich ist, und mir die Informationen zu geben, die ich unter Berücksichtigung des Risikos und der Kosten benötige, um die Priorisierung zu verfeinern."

Mit Sal als Moderator legten die Teammitglieder ihre Kapazität für die nächsten Sprints fest, wählten eine angemessene Sprintdauer und fingen an, die Arbeiten einzuschätzen. Sie teilten sich dafür in mehrere Gruppen auf, während Tom zwischen den einzelnen Gruppen umherlief, Fragen beantwortete und weitere Details lieferte, damit das Team bessere Einschätzungen abgeben konnte. Nachdem die Zeit für die Einschätzung der Features vorbei war, kamen alle wieder zusammen. Sal wandte sich an Tom und sagte: „Nach unserer Schätzung wird es sechs Monate dauern bis das MVP fertig ist. Und damit meinen wir natürlich, dass es bereit ist für die Verwendung durch die Nutzer."

Tom und die restlichen Stakeholder waren sichtlich enttäuscht. Tom meinte: „Okay. Vielen Dank für die Mühe, die ihr euch mit der Einschätzung gemacht habt. Ich muss allerdings ehrlich sein und sagen, dass das nicht die Antwort ist, die wir uns erhofft hatten. Um unsere Konkurrenz schlagen zu können, muss das Release in fünf Monaten marktfähig sein. Wir hatten nur etwa 250.000 Pfund für das Budget veranschlagt, um das MVP zu entwickeln – und das würde uns 300.000 Pfund kosten. Ich bin mir gerade nicht sicher, wie ich mit einer sechsmonatigen Timeline umgehen soll."

Tom machte eine kurze Pause und sprach dann weiter. „Ich glaube wir können jetzt alle eine Kaffeepause vertragen. Sal, würden du und das Entwicklungsteam den Stakeholdern und mir ungefähr 30 Minuten geben, um über die Erkenntnisse nachzudenken, die wir heute gewonnen haben? Wir müssen über das Produkt sprechen, unsere Prioritäten überdenken und all unsere Optionen prüfen, bevor wir weitermachen."

„Natürlich", antwortete Sal. „Wir können ohnehin eine Pause gebrauchen. Wir sehen uns dann in einer halben Stunde."

Als das Entwicklungsteam den Raum verlassen hatte, wandte Tom sich an die Stakeholder: „Nehmen wir uns fünf Minuten, um uns einen Kaffee zu holen, und dann treffen wir uns, um alles kurz zu besprechen."

Als alle da waren kam Tom direkt zur Sache. „Sechs Monate sind wirklich enttäuschend. Wir alle hatten aufgrund verschiedener Faktoren auf fünf Monate gehofft. Ich wollte direkt anfangen, mit dem Entwicklungsteam zu diskutieren, aber dann habe ich mir überlegt, dass es besser wäre, das erst gemeinsam zu besprechen."

Wie Tom erwartet hatte, betonte Rico, der Marketing Manager, noch einmal, wie wichtig es sei, schneller zu sein als die Konkurrenz: „Wenn wir nicht die ersten auf dem Markt sind, werden wir unseren Konkurrenten auf ewig hinterrennen. Sicherlich können wir mit dem Team darüber verhandeln. Sie haben bestimmt einen Puffer in ihre Schätzung einkalkuliert."

„Vielleicht", sagte Tom. „Aber ich habe schon öfter mit dem Team gearbeitet. Wenn sie sagen, dass es sechs Monate dauert, dann wird es auf jeden Fall so lange dauern – eventuell sogar etwas länger, je nachdem, was bei der konkreten Entwicklung noch alles passieren wird."

Rico schüttelte demonstrativ mit dem Kopf. „Das wird nicht funktionieren. Es muss schneller gehen."

Tom nickte. „Ich weiß. Und wir haben die Funktionalität schon auf das absolute Minimum begrenzt. Daher sehe ich keine Möglichkeit, noch weitere Features zu streichen, um früher ein Release zu bekommen."

Tom wartete kurz und schaute sich im Raum um. Alle nickten.

„Was ist mit Überstunden? Oder zusätzlichen Teammitgliedern?", fragte Rico.

„Zuallererst haben wir ein fixes Budget, was bedeutet, dass wir keine weiteren Leute einstellen können – und selbst wenn, macht das ein Team meistens nicht wirklich schneller, zumindest nicht sofort.

Ironischerweise verlangsamt das die Entwicklung sogar häufig. Zweitens ist die Folge von Überstunden meistens ein großer Berg an technischen Schulden. Ich glaube, das würden wir auf lange Sicht bereuen."

„Was meinst du mit technischen Schulden?", fragte Rico.

Tom stand auf und zeichnete ein Diagramm auf ein Flipchart. Das Diagramm zeigte die gleiche Menge an Arbeit, die in einer kürzeren Zeitspanne erledigt wurde. Er malte den Bereich zwischen den zwei Linien aus und wandte sich wieder den Stakeholdern zu.

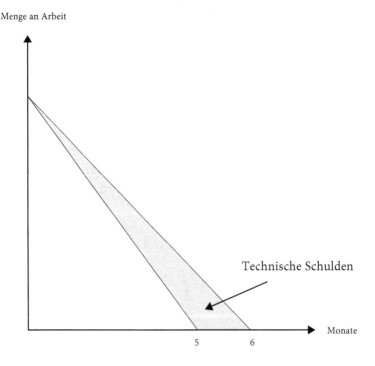

Abb. R-3. Der Versuch, die Arbeit von 6 Monaten in 5 Monaten zu erledigen, führt unweigerlich zu technischen Schulden.

„Wenn wir das Team ‚überzeugen' können, in fünf statt in sechs Monaten zu liefern, werden sie das bestimmt tun", sagte Tom. Sie werden dadurch aber nicht automatisch klüger. Die Arbeit wird dadurch auch nicht auf zauberhafte Weise einfacher. Um das also schaffen zu können, wird man zwangsläufig ein paar Zugeständnisse machen müssen, und die Zeit für das Testen wird sicherlich auch darunter leiden. Außerdem werden sie bestimmt öfter mal länger und am Wochenende arbeiten müssen, was dazu führt, dass sie müde und unkonzentriert werden. Letztendlich werden sie zwar die Deadline einhalten, das Resultat wird jedoch ein qualitativ weniger hochwertiges Produkt sein (in manchen Fällen bewusst und in anderen Fällen einfach nur aufgrund der Erschöpfung). Anders formuliert bedeutet das, dass wir technische Schulden erzeugt haben, und diese Schulden werden wir am Ende inklusive Zinsen wieder zurückzahlen müssen."

„Aber wir könnten die Qualitätsprobleme doch theoretisch immer noch beheben, wenn das Produkt erst einmal auf dem Markt ist, oder?", fragte Rico.

„Vielleicht. Aber dabei gibt es einige Probleme. Erstens erkennt man die Konsequenzen reduzierter Qualität meist nicht direkt. Und was man nicht sieht, kann man auch nicht verbessern", antwortete Tom.

„Zweitens schüren Überstunden unrealistische Erwartungen bezüglich unserer Arbeitsgeschwindigkeit während sie uns gleichzeitig langsamer machen."

„Wie kann uns das langsamer machen?", fragte Rico.

„Auf zwei Arten. Erstens werden unsere Wartungskosten in die Höhe getrieben, wenn wir ein Produkt mit schlechter Qualität entwickeln.

Es wird schwieriger werden, neue Funktionalität zu dem Produkt hinzuzufügen, weil die Dinge nicht so laufen, wie erwartet", erklärte Tom. „Zusätzlich wird das Team überarbeitet sein und weniger Energie und eine niedrigere Arbeitsmoral haben."

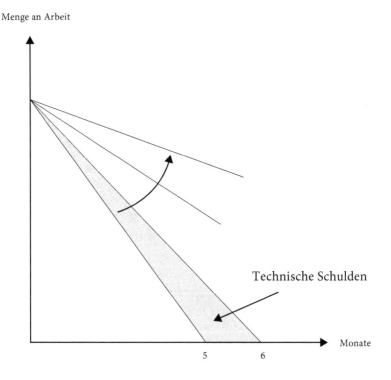

Menge an Arbeit

Technische Schulden

Monate

5   6

Abb. R-4. Mit dem Anstieg der technischen Schulden fällt die Velocity des Teams ab.

„Alles klar. Ich verstehe, was du meinst, Tom", sagte Rico. „Was machen wir denn nun?"

„Das Einzige, was wir realistisch gesehen tun können, ist, davon auszugehen, dass die Einschätzung des Entwicklungsteams korrekt ist, und uns eine einfache Frage zu stellen."

Tom schrieb auf das Flipchart:

Wenn wir davon ausgehen müssen, dass das Projekt sechs Monate dauern wird, sollten wir das Projekt dann überhaupt starten?

Rico war entsetzt. „Wir sollen das Projekt aufgeben? Nur aufgrund der Aussage des Teams? Ich sehe es nicht ein, dass die ganze bisherige Arbeit und Planung umsonst war. Dieses Produkt kann wirklich eine große Nummer werden!"

„Aber nur wenn es in fünf Monaten auf dem Markt ist, im Budget liegt und tatsächlich unsere Kunden begeistert", entgegnete Tom. „Hört zu, ich bin auch nicht begeistert von dieser Idee. Was von Vorteil ist, ist die Tatsache, dass wir nicht notwendigerweise jetzt sofort darüber entscheiden müssen, ob das gesamte Projekt abgebrochen wird. Da wir mit Iterationen arbeiten, sollten wir bereits nach jeder Iteration bereits etwas Greifbares entwickelt haben."

„Ich schlage vor, dass wir einfach ein bis zwei Sprints ausprobieren und schauen wie es läuft. Wenn sich die Einschätzung des Teams danach nicht geändert hat und wir keine Möglichkeit gefunden haben, die Funktionalität zu reduzieren, brechen wir das Projekt ab. Wir investieren also wenig, um viel Verschwendung zu vermeiden."

Alle stimmten zu, das Projekt Sprint für Sprint zu finanzieren und danach neu zu beurteilen. Nach zwei Sprints war jedoch klar, dass das Team es nicht schaffen konnte, das MVP in fünf Monaten zu liefern, und trotz großer Bemühungen konnten auch die Stakeholder keine Möglichkeit finden, den Umfang des MVP zu verringern. Tom traf die schwere Entscheidung, das Projekt abzubrechen.

Das Spiel beenden, das man nicht gewinnen kann

Das war eine ziemlich harte Geschichte. Tom hatte alles richtig gemacht, indem er die Stakeholder dabei unterstützt hatte, ein MVP zu entwickeln und die Realität zu akzeptieren. Das Team hatte alles richtig gemacht, indem sie eine realistische Einschätzung abgaben. Und auch die Stakeholder hatten alles richtig gemacht, indem sie Zeit, Geld und ihre geliebten Features zum Wohle des gesamten Projekts opferten. Trotz alledem musste das Projekt abgebrochen werden.

Eine solche Niederlage kann erschütternd sein. Vielleicht sogar so sehr, dass einige Organisationen es vorziehen würden, das Projekt einfach weiterzuführen und das Team dazu zu zwingen, fristgerecht aber mit schlechter Qualität zu liefern, oder nach dem erhofften Datum zu liefern und einfach das Beste zu hoffen – alles nur um ihr Commitment zu demonstrieren und in die Falle der sogenannten *Sunk Costs* zu tappen, welche später in diesem Kapitel genauer erläutert wird. Tom jedoch zeigte viele Verhaltensweisen eines großartigen Product Owners, da er den Mut hatte, dieses Projekt abzubrechen, als klar wurde, dass die Ziele nicht erreicht werden konnten.

Bereits zu Anfang bewies Tom ein hohes Maß an Achtsamkeit. Als das Team mit einer Einschätz zurückkam, die nicht ihren Erwartungen entsprach, teilte Tom seine Enttäuschung auf eine ruhige und angemessene Art und Weise mit. Er konzentrierte sich auf die Fakten und versuchte bewusst, keine Schuldzuweisungen zu machen. Er bat dann um eine kurze Unterbrechung, sodass er und die Stakeholder einen Moment zum Reflektieren und für eine Neubewertung der Situation hatten.

Was können Sie dafür tun, um auf bestimmte Informationen ruhig und angemessen zu reagieren?

Außerdem zeigte Tom ein hohes Maß an Zurückhaltung. Er und die Stakeholder hatten gerade erst eine große Anstrengung auf sich genommen, um die riesige Liste von Features auf ein kleines gezieltes Release zu kürzen. Jetzt war es möglich, dass sogar diese stark gestutzte Liste an Features nicht in dem gegebenen Zeitrahmen und mit dem Budget realisierbar sein würde. Statt emotional zu reagieren, war Tom in der Lage, einen Schritt zurückzutreten und das Problem objektiv zu betrachten. Er fasste die Situation in verständliche Worte und hatte gut begründete Argumente gegen mögliche Zwischenlösungen wie Überstunden, zusätzliche Teammitglieder oder das Liefern einer suboptimalen Lösung mit späteren Korrekturen.

In der gesamten Geschichte legt Tom exzellentes Verhalten im Umgang mit Verlust an den Tag. Dadurch, dass er „nicht jetzt" statt „nie" sagt, kann er die Vorstellung des Verlusts gewünschter Features erträglicher machen. Dann kompensiert er den Verlust des Plans, der für ihn und die Stakeholder so sicher zu sein schien, indem er erkennt, dass ein Plan eben nur ein Plan ist und dass jede mit diesem oder jedem anderen Plan verbundene Sicherheit trügerisch ist. Tom macht es außerdem leichter, ein Commitment für das Projekt einzugehen, da immer nur ein Sprint nach dem anderen finanziert wird und es danach die Möglichkeit gibt, alles noch einmal zu überdenken. Dann nutzt er Daten und empirische Belege, um letztendlich die Entscheidung zu treffen, das Projekt komplett abzubrechen.

> Gehen Sie einmal davon aus, dass Sie Fehler machen werden. Was könnten Sie tun, damit diese Fehler günstiger und schneller verlaufen und man sich auch schneller von ihnen erholen kann?

Nicht jeder Product Owner bzw. jedes Team akzeptiert Unklarheiten so anstandslos. Viele Menschen konzentrieren sich stattdessen auf das best- oder schlimmstmögliche Szenario, wovon am Ende mit großer Wahrscheinlichkeit beide nicht eintreten werden. Aus diesem Grund ist es so wichtig, verschiedene Perspektiven einzubeziehen, wenn über die bestmögliche Vorgehensweise entschieden werden soll. Großartige Product Owner umgeben sich mit interdisziplinären Teams, die über verschiedene Erfahrungslevel verfügen.

In der Geschichte ist Tom zumindest teilweise in der Lage, rigorose Entscheidungen zu treffen, da diese durch technisch einwandfreie agile Vorgehensweisen, wie Release Planning und iterative Entwicklung, gestützt werden. Im Folgenden werden wir uns etwas genauer anschauen, wie diese wertvollen Vorgehensweisen eine rigorose Priorisierung und Entscheidungsfindung ermöglichen. Und das kann auch bedeuten, sich komplett von einem Projekt zu verabschieden.

Vom Release Planning lernen

Mit dem Begriff Release Planning beschreiben Scrum Teams den Prozess, der eine Antwort auf eine der folgenden Fragen liefern soll:
- Wie viel Funktionalität können wir bis zu diesem Datum liefern? Oder
- Wie lange werden wir brauchen, um diese Menge an Funktionalität zu entwickeln?

Großartige Product Owner agieren nach dem Prinzip „alle Pläne sind ungenau und werden sich als falsch herausstellen". Sie wissen auch, dass der Grad an Ungenauigkeit umso größer wird, je weiter ein Team in die Zukunft plant. Aber auch wenn Pläne grundsätzlich falsch sind, können sie doch nützlich sein. Sehr häufig ist der reine Akt des Planens innerhalb eines kollaborativen Teams sowie die damit verbundene Lernerfahrung wertvoller als der eigentliche Plan.

Der Prozess des Release Plannings folgt zwar keinem festen Format, beinhaltet aber normalerweise gewisse Elemente, wie in der Abbildung auf der nächsten Seite dargestellt.

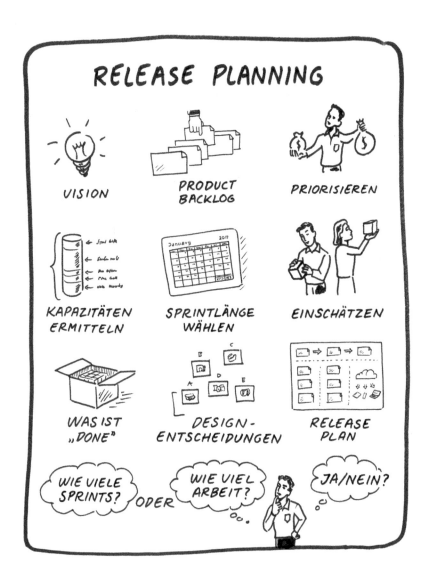

Abb. R-5. Diese Elemente gehören normalerweise zum Release Planning.

In der Geschichte buchte Sal zuerst einen geeigneten Raum für das Meeting. Dann erklärte Tom seine Vision, das Product Backlog und die Gründe für seine initiale Priorisierung. Mit diesen Informationen im Hinterkopf konnte Sal gemeinsam mit dem Team die Kapazität festlegen, eine angemessene Sprintdauer wählen und die Items, die Tom und die Stakeholder für das MVP ausgesucht hatten, einschätzen. Während dieses Prozesses definierten sie außerdem, was *done* für ihr Projekt bedeuten sollte.

Einschätzungen sind ein komplexer und von Natur aus ungenauer Prozess, der über den Umfang dieses Buches hinausgeht; hauptsächlich weil es keine Verantwortlichkeit des Product Owners ist. Jedoch ist es wichtig, zu verstehen, dass es ein Prinzip agiler Methoden wie Scrum ist, dass die Personen, die die Arbeit erledigen, auch die Einschätzungen vornehmen. Es gibt durchaus Product Owner, die den Einschätzungen des Teams nicht wirklich vertrauen – ich habe viele Situationen erlebt, in denen ein falsches Spiel gespielt wurde – mit Bluffs und Doppel-Bluffs, Inflation und Verhandeln. Product Owner, die ihren Teams wirklich zutrauen, Einschätzungen vorzunehmen, und die alles in ihrer Macht stehende tun, um die potenziellen negativen Auswirkungen von „falschen Einschätzungen" so weit wie möglich zu reduzieren, erhalten daher mit Abstand die besten Resultate.

Wissen Sie, was Ihr Team motiviert, mehr „Ownership", Verantwortung und Stolz bei der Arbeit zu spüren?

Sobald das Team eine Einschätzung vorgenommen hat, ist es für den Product Owner an der Zeit, zu entscheiden, ob man weitermacht oder das Projekt cancelt. Im nächsten Abschnitt schauen wir uns etwas genauer an, wie agile Prozesse dabei helfen können, diese Entscheidung ein wenig zu vereinfachen.

Entscheiden, entwickeln, erneut entscheiden

In der Geschichte stellt Tom eine Frage, die jeder Product Owner nach dem Release Planning stellen sollte: *Sind wir angesichts der aktuellen Fakten überhaupt berechtigt, das Projekt zu starten?* Jeder Product Owner muss abwägen, ob er das Wagnis eingeht, den ersten Sprint zu beginnen.

Bevor ein Projekt gestartet wird, entscheiden gute Product Owner anhand der Daten aus Marktrecherche und Release Planning, ob sie diese Idee weiterverfolgen werden oder nicht. Tom entscheidet sich in diesem Fall dafür, das Wagnis einzugehen und dem ersten Sprint grünes Licht zu geben. Anders gesagt verschiebt er die Entscheidung für das gesamte Projekt auf später, um einige konkrete Daten sammeln zu können.

Das Team entwickelt einen Sprint lang gewisse Features. Danach hat Tom erneut die Gelegenheit, eine Entscheidung zu fällen: „Sollten wir dieses Projekt weiterführen?" Dies ist keine Frage, die nur bei besonders risikoreichen Projekten gestellt werden sollte. Jeder Product Owner sollte sich diese Frage nach jedem Sprint stellen, auch wenn das Projekt laut dem ursprünglichen Plan als „sicheres Ding" gilt. Großartige Product Owner wissen nämlich, dass es so etwas einfach nicht gibt – jedes Projekt verfügt über ein gewisses Maß an Ungewissheit.

Nach zwei Sprints brachen Tom und die Stakeholder das Projekt ab. Statt den Rest ihres Budgets zu verschwenden, reduzierten sie ihre Verluste auf ein Minimum und konnten mit etwas anderem weitermachen. Das ist eine schwierige – eine rigorose – Entscheidung, aber manchmal ist es die einzig richtige Entscheidung.

Eskalierendes Commitment vermeiden

Jeder, der schon einmal Poker gespielt hat, kennt den Begriff „Pot Committed". Dieser Begriff steht dafür, selbst bei schlechten Karten nicht aus dem Spiel auszusteigen, weil man bis zu diesem Zeitpunkt bereits einen hohen Einsatz gemacht hat. Wirtschaftswissenschaftler nennen dieses Phänomen auch „Sunk Cost Fallacy"; die Tendenz, immer mehr Geld oder Zeit in eine schlechte Investition zu stecken, mit der Rechtfertigung, dass ja bereits so viel investiert wurde. Dieses Phänomen ist auch bekannt als „Wer A sagt, muss auch B sagen".

Dieses eskalierende Committment ist völlig irrational, aber so menschlich! Die Wahrheit ist, dass das Geld oder die Zeit, die man schon investiert hat, in jedem Fall verloren ist; egal wie man sich entscheidet, man wird es nicht zurück bekommen. Großartige Product Owner entscheiden daher rigoros anhand des aktuellen Status des Projekts und der wahrscheinlichen Ergebnisse ihrer nächsten Entscheidung, wie der nächste Schritt aussehen soll.

Andere Optionen abwägen

Bisher habe ich nur darüber gesprochen, dass Product Owner ab und zu Features oder sogar ein gesamtes Projekt loslassen müssen. Allerdings gehört es für Product Owner mit den DRIVEN-Eigenschaften auch dazu, rigoros genug zu sein, um unter Umständen ein anderes Team für ein bestimmtes Projekt zu finden oder den Ursprung für Hindernisse aufzuspüren, die das Team davon abhalten, ihre Ziele zu erreichen.

Manchmal ist das Projekt durchaus machbar, jedoch ist das ausgewählte Team vielleicht nicht in der Lage, dieses Ziel schnell genug und mit ausreichender Qualität zu erreichen. In solch einer Situation muss der Product Owner eine schwere Entscheidung fällen. Einerseits gibt es die Möglichkeit, das Team (oder Teile des Teams) zu ersetzen. Andererseits hat man natürlich auf längere Sicht gesehen auch die Option, die Weiterentwicklung des Teams durch Trainings bzw. Praxiserfahrung zu unterstützen.

In anderen Fällen kann das Problem sein, dass es zu viele Hindernisse gibt, die das Team davon abhalten, das zu tun, was getan werden muss. Dann werden die Teammitglieder den ScrumMaster um mehr Unterstützung und Hilfe bitten, damit sie so effektiv wie möglich arbeiten können. Großartige Product Owner sehen das Beseitigen von Hindernissen als Möglichkeit, dem Team dazu zu verhelfen, besser und schneller Wert zu liefern. Aus diesem Grund helfen auch sie dabei, diese Hindernisse aus dem Weg zu räumen, statt diese Aufgabe allein dem ScrumMaster zu überlassen. Die Ursachen für Dysfunktionen und Frustration im Team aufzuspüren und zu beseitigen, kann ein weiterer Teil des Jobs eines Product Owners sein.

Product Owner sind dafür verantwortlich, sich für oder gegen ein Projekt zu entscheiden. Die Teammitglieder und der ScrumMaster sind aber ebenso für ihre eigene Leistung verantwortlich. In agilen Kreisen wird darüber kaum gesprochen und es mag vielleicht hart klingen, aber der Zeitrahmen einer Produktentwicklung ist oft so eng, dass rigorose Entscheidungen häufig notwendig sind. Die besten

Product Owner bedienen sich eines langfristigen, entwicklungsorientierten Ansatzes für Beziehungen innerhalb der Entwicklungsorganisation. Sie wissen aber auch, wie sie harte Entscheidungen zu fällen haben, wenn diese gerechtfertigt sind.

DR**I**VEN

Informed

„Wissen, was man weiß, und wissen, was man nicht weiß, das ist wahres Wissen."

Confucius

Die häufigste Beschwerde von agilen Entwicklungsteams ist die mangelnde Verfügbarkeit des Product Owners. Es kommt sogar so häufig vor, dass ich in Erwägung gezogen habe, *verfügbar* als eines der Merkmale für großartige Product Owner hinzuzufügen.

Allerdings glaube ich, dass viele dieser Beschwerden von agilen Teams nicht nur mit der generellen Verfügbarkeit des Product Owners zu tun haben, sondern ebenso damit, wie produktiv diese begrenzte Zeit des Product Owners mit dem Team ist. Viele Product Owner sind so eingespannt, dass sie abgelenkt, unvorbereitet oder einfach geistig „woanders" sind, selbst wenn sie sich im gleichen Raum befinden oder über E-Mail bzw. Telefon mit dem Team kommunizieren. Was nützt es schließlich, wenn man theoretisch 100 % seiner Zeit verfügbar ist, aber man schlecht vorbereitet ist oder einfach den Kopf nicht frei bekommt, um wichtige Entscheidungen zu treffen?

Das bringt uns zu dem Paradoxon zwischen Wissen und Product Owner. Gute Product Owner sind informiert: sie stellen Nachforschungen zum Produkt selbst, dem Zielmarkt sowie den potenziellen Käufern, Konsumenten und Nutzern ihres Produkts an. Mit Hilfe dieser Informationen bringen sie das Produkt und die Produktentwicklung in eine erfolgsversprechende Ausgangsposition.

Wie bereits im Kapitel „Decisive" erwähnt, verstehen Product Owner mit den DRIVEN-Merkmalen aber auch, dass es nicht realistisch ist, sich vor jeder Entscheidung alles an Wissen anzueignen, was man vorab gerne in Erfahrung bringen würde. Ihnen ist bewusst, dass manche Entscheidungen anhand unvollständiger Informationen gefällt werden müssen. Daher verbinden großartige Product Owner Recherche und Wissen mit der Gelegenheit, dazuzulernen, die ihnen ein agiler Prozess bietet.

Die nächsten beiden Geschichten veranschaulichen die beiden Seiten dieser Medaille.

„Nein, nein, nein…so war das nicht gemeint.“

Vertrauen und verifizieren

Gute Product Owner vertrauen ihren Instinkten.
Großartige Product Owner finden Daten zum
Verifizieren ihrer Ideen.

Bis vor Kurzem war Product Owner Mike noch recht zufrieden damit gewesen, wie er seinen Job machte und wie gut die Produktentwicklung lief. Die ersten fünf Review Meetings waren ohne Probleme über die Bühne gegangen. Das Team hatte alles geliefert, was sie versprochen hatten, und die Stakeholder hatten zu erkennen gegeben, wie glücklich sie mit dem Voranschreiten des Projekts waren. Sie hatten Mike sogar explizit für seine Fähigkeit gelobt, ihre Anforderungen in etwas zu verwandeln, was tatsächlich ihren Bedürfnissen gerecht wurde. Mike war mit diesem Feedback äußerst zufrieden gewesen, denn meistens musste er enträtseln, vermuten oder sogar erraten, was einige der gewünschten Features waren; entweder, weil die Wünsche der Stakeholder ziemlich ungenau bzw. unmöglich waren oder weil sie mit den Wünschen anderer Stakeholder kollidierten.

Während der letzten Sprints schien Mikes Intuition ihn jedoch verlassen zu haben. Das Feedback des letzten Sprint Review Meetings hatte besonders ihn und das Team sehr frustriert.

„Das ist nicht gut", sagte ein Stakeholder über eines der Features.

„Nein, nein, nein…da hast du etwas völlig falsch verstanden", sagte jemand anderes über ein weiteres Feature.

„So wie ihr das gebaut habt, macht es uns sogar noch mehr Arbeit, statt uns das Leben einfacher zu machen", meinte ein dritter Stakeholder.

Nach außen hin hatte Mike all die richtigen Sachen gesagt. Er hatte den Stakeholdern für ihr Feedback gedankt, dann hatte er erwähnt, dass das Sprint Review genau für solch wichtige Lernprozesse gedacht ist, und er hatte noch einmal betont, wie froh er war, das alles schon jetzt und nicht erst zu einem späteren Zeitpunkt herausgefunden zu haben. Innerlich war er jedoch enttäuscht. Als er sich im Raum umschaute, konnte er erkennen, dass das Team genauso geknickt war wie er.

Genau in diesem Moment hatte Mike sich dazu entschieden, den tatsächlichen Nutzern einen Besuch abzustatten – es war schon eine Weile her, seit er das letzte Mal in das Büro gefahren war, in dem die Mehrheit der Stakeholder saß. Außerdem wollte er auf jeden Fall einen der Entwickler dorthin mitnehmen. Stef war der erste, der sich dafür meldete.

Auf dem Weg nutzte Mike die Gelegenheit, Stef etwas besser kennenzulernen. Einen guten Teil der Strecke sprachen sie über ihre gemeinsame Leidenschaft, das Angeln. Sie erzählten sich Geschichten und diskutierten, wo man am besten angeln könne und welches der beste Köder sei. Plötzlich kamen sie auf das Thema Arbeit und die Frustration, die beide nach dem letzten Feedback der Stakeholder verspürt hatten.

„Ich habe irgendwie ein schlechtes Gewissen, weil ich weiß, wieviel Mühe ihr in die Features gesteckt habt", sagte Mike.

„Um ehrlich zu sein, bin ich etwas frustriert, weil ich all die Features wahrscheinlich noch einmal neu machen muss. Ich muss ständig daran denken, wie viel Zeit wir verschwendet haben. Ich hasse Verschwendung", gab Stef zu.

„Ich weiß genau, was du meinst", stimmte Mike ihm zu. „Wobei ich wirklich glaube, dass es sich sicherlich herausstellen wird, dass nicht alles umsonst war. Ich habe meine Lektion gelernt, was Annahmen angeht, und ich bin überzeugt, dass das nicht wieder vorkommen wird. Das ist einer der Gründe für unseren kleinen Ausflug hier. Ich habe einen Raum gebucht und mit Linda geklärt, dass wir zusammen mit ihr und einigen ihrer Teammitglieder ein paar der nächsten Anforderungen besprechen können. Die nächsten Anforderungen sollen nämlich einen manuellen Prozess ersetzen, den sie alle seit Jahren nutzen. Daher hoffe ich, dass wir ihre Sicht der Dinge erfahren können, indem wir mit ihnen darüber sprechen."

Stef war kurz still und sagte dann: „Ich habe mich gefragt, ob wir die Gelegenheit nicht nutzen können, um mehr zu tun als nur miteinander zu reden."

„Was meinst du?", fragte Mike.

„Nun ja, wenn wir als Team planen, wie wir die neuen Features entwickeln möchten, könnten wir dafür ein paar einfache Prototypen nutzen, mit denen wir einigermaßen die Funktionsweise des Produkts simulieren können", erklärte Stef.

„Hört sich gut an", sagte Mike. „Erzähl mir mehr davon."

Gemeinsam überlegten sich Mike und Stef eine neue Vorgehensweise für ihr Meeting und entschieden sich, es als Workshop zu gestalten. Während des Workshops bat Mike Linda, ihm die einzelnen Features eins nach dem anderen vorzustellen. Dabei sollte sie ihren aktuellen Prozess erläutern, was genau sie daran frustrierte und wie sie es gerne stattdessen haben würden.

Während Linda sprach, erstellte Stef anhand ihrer Erklärungen einfache Papier-Prototypen und lud Linda und ihr Team ein, etwas damit „herumzuspielen". Dabei erklärten Linda und das Team, wie sie die Prototypen nutzen würden und wie sie sie verbessern würden. Um ihr Feedback zu unterstreichen, nahmen sie sogar direkt einige Veränderungen an den Prototypen vor. Am Ende des Workshops sagten alle, wie viel einfacher es für sie war, einen Prozess zu erklären, wenn sie etwas in den Händen halten und sogar darauf zeichnen konnten.

Als alle gegangen waren, blieb Stef im Meeting Raum, um die Papier-Prototypen noch weiter zu konkretisieren. Währenddessen beobachtete Mike Linda und das Team bei der Arbeit. Am Ende des Tages gingen Stef und Mike gemeinsam abendessen und sprachen über den Tag.

Stef sagte: „Das war wirklich ein toller Tag. Ich bin mir sicher, dass sie sich darüber freuen werden, was ich ihnen morgen früh noch zeigen möchte, bevor wir wieder zurück fahren. Es ist eine ganz simple elektronische Version des Papier-Prototyps. Es steckt noch nichts dahinter, aber man kann erkennen, was die Funktionalität sein könnte, sobald wir sie entwickelt haben."

„Großartig. Vielen Dank für die Mühe, Stef – und ich glaube auch, dass wir wieder auf dem richtigen Weg sind. Ich habe allerdings auch schlechte Nachrichten für dich. Als ich Linda und das Team bei der Arbeit beobachtete, ist mir aufgefallen, dass sie die Funktionalität von früheren Sprints völlig anders verwenden, als wir uns das gedacht hatten. Das war ehrlich gesagt nicht so schön anzusehen."

„Was meinst du?", fragte Stef.

„So wie es aussieht, habe ich von Anfang an falsche Annahmen gemacht, was ihre Arbeit angeht. Sie haben sich aber erst vor Kurzem dazu entschlossen, uns das in den Reviews zu sagen." Mike machte eine kurze Pause und schluckte, bevor er weiter sprach. „Stef, sie haben für fast jedes Feature, das wir bisher entwickelt haben, eine manuelle Ausweichlösung gefunden."

„Warum sollten sie so etwas tun?", fragte Stef entsetzt.

„Das habe ich Linda auch gefragt", meinte Mike. „Sie sagte mir, dass die neuen Features, obwohl sie nicht perfekt seien, schon so viel besser seien als alles, was sie zuvor hatten, dass sie beschlossen hatten, dass sie damit leben können und dass es wichtigere Dinge gebe, auf die man sich konzentrieren müsse."

Stef verdrehte verzweifelt die Augen. „Ich kann es einfach nicht fassen, dass wir etwas Unnützes mit etwas neuem Unnützen ersetzt haben!"

„Ich auch nicht", antwortete Mike. „Ich werde sie morgen darum bitten, in Zukunft genauso ehrlich zu sein, wie in den den letzten Reviews. Ich werde sie in nächster Zeit auf jeden Fall auch öfter besuchen kommen, damit wir ein besseres Verständnis davon bekommen, wie sie arbeiten und was sie brauchen. Außerdem habe ich eine Story für uns ins Product Backlog aufgenommen, um die einzelnen Features, die wir bereits entwickelt haben, noch einmal zu überarbeiten – und das werde ich hoch priorisieren!"

Voreingenommenheit wahrnehmen und reduzieren

Am Anfang dieses Buches habe ich darüber geschrieben, dass großartige Product Owner lernen müssen, Entscheidungen anhand von unvollständigen Informationen zu treffen – auf agile Weise weiterzuarbeiten mit dem Wissen, dass, auch wenn sie es dieses Mal nicht richtig hinbekommen, sie es zumindest nur eine Iteration lang falsch machen. Manchmal bedeuten diese spontanen Entscheidungen auch, gut fundierte Annahmen dazu zu machen, was der Kunde wirklich benötigt. In der Geschichte ist Mike bis zu einem gewissen Punkt eigentlich recht gut darin, zu interpretieren, was die Kunden benötigen. Er lernt aber auch, dass man umso besser einschätzen kann, was mit gewissen Feature-Wünschen gemeint ist, je besser man seine Nutzer versteht; und dass es manchmal die beste Gelegenheit ist, eine andere Perspektive wirklich gut zu verstehen, wenn man die betroffenen Personen bei der Arbeit beobachten kann.

Das einzige Problem dabei ist, dass wir alle Ereignisse, Menschen und Handlungen durch den Filter unserer eigenen Voreingenommenheit wahrnehmen. Wie die Schriftstellerin Anaïs Nin schon sagte: „Wir sehen die Welt nicht, wie sie ist, wir sehen sie, wie wir sind". Anders ausgedrückt bedeutet das, dass wir uns häufig ein Problem oder eine Lösung anschauen und nur sehen, was wir zu sehen erwarten. Das wiederum bedeutet, dass, auch wenn wir mehr über andere Menschen erfahren möchten, wir oft von unseren eigenen Filtern geblendet werden. Großartige Product Owner achten daher zusätzlich bewusst auf ihre eigenen toten Winkel und ihre kognitive Voreingenommenheit.

Einfach ausgedrückt sind kognitive Voreingenommenheiten Denkmuster, die das Urteilsvermögen oder die Fähigkeit beeinflussen, Informationen effektiv zu interpretieren. Auch wenn es sehr viele verschiedene Arten davon gibt, möchte ich hier eine Art der Voreingenommenheit herausstellen, die für Product Owner besonders gefährlich sein kann: Bestätigungsfehler.

Bestätigungsfehler entstehen durch die Tendenz, Informationen so zu interpretieren, wahrzunehmen und wiederzugeben, dass sie unsere eigene vorgefasste Meinung erfüllen. Bestätigungsfehler sind verhängnisvoll. Tatsächlich hat eine *Studie der Universität von Iowa* herausgefunden, dass Menschen ihre Meinung selten ändern, sobald sie sich einmal ein Bild von etwas gemacht haben – nicht etwa, weil sie stur sind, sondern weil sie nur das sehen, was sie selbst für wahr halten. Der Grund dafür ist, dass man sich unbewusst die Informationen heraussucht, die die eigenen Vorstellungen bestätigen, und man gleichzeitig alles andere ausblendet.

Sind Sie vielleicht für irgendetwas blind geworden?

Wie könnten Sie sich diese Punkte wieder bewusster machen?

Product Owner können sich leicht durch Daten manipulieren lassen, die das bestätigen, an was sie ohnehin glauben. Wenn das der Fall ist, definieren Product Owner das Produkt so, wie sie es am besten finden, statt das Produkt zu gestalten, das die Nutzer und Konsumenten wollen. Diese Art von Voreingenommenheit existiert nicht nur bei marktbezogenen Entscheidungen oder Vorhersagen, sondern auch im Hinblick auf Personen und persönliche Beziehungen. Wenn

Product Owner sich aufgrund eines ersten Eindrucks ein Bild von jemandem machen, ohne diese Meinung kritisch zu hinterfragen, riskieren sie langfristige Konsequenzen, wie beispielsweise ein weniger harmonisches und vertrauensvolles Verhältnis untereinander, was sie davon abhalten kann, bessere Lösungen zu finden.

Großartige Product Owner lernen, diese natürliche Tendenz zu überwinden, indem sie gezielt auch nach anderen Meinungen suchen. Sie können zum Beispiel bewusst jemanden in ihr Product Owner Team aufnehmen, von dem sie wissen, dass er die Dinge anders betrachtet. Oder sie bitten jemanden darum, beim Backlog Grooming oder im Sprint Review Meeting des Teufels Advokat zu spielen und auf die Schwachstellen von Vorschlägen oder die Nachteile des fertigen Produkts hinzuweisen. Die Welt aus einer anderen Perspektive zu sehen, kann wirklich aufschlussreich sein. Ob sie sich nun persönlich einen Eindruck davon machen, wie die Nutzer das Produkt verwenden, oder ehrliches Feedback zu Produkt und Prozess einholen, großartige Product Owner sind gut informiert, da sie ihre eigenen Schwachpunkte erkennen und kompensieren lernen.

Wer könnte Ihnen dabei helfen, die Dinge wieder aus einer neutraleren und objektiveren Perspektive zu sehen?

Recherche betreiben

Es gibt ein berühmtes Zitat von Henry Ford, das besagt: „Wenn ich die Menschen gefragt hätte, was sie wollen, hätten sie gesagt: schnellere Pferde". Das bedeutet, dass es besser ist, zu erkennen, was die Kunden brauchen, statt ihnen zu geben, was sie aufgrund ihrer bisherigen Paradigmen zu wollen glauben. Auch wenn Henry Ford es nicht genau so formuliert hat, stimmt es doch: Wie kann man von Leuten erwarten, sich ein Auto zu wünschen, wenn sie nur Pferde kennen?

Dies ist ein starkes Argument für revolutionäre Innovationen, weniger jedoch für evolutionäre Verbesserungen, bei denen sich der Kunde bewusst ist, was funktioniert und was nicht. In solchen Fällen ist es sicherlich am besten, Marktforschung zu betreiben und ganz genau auf die Meinung der Menschen zu achten. Ich würde sogar behaupten, dass man, auch wenn man rein metaphorisch gesprochen die Pferde durch Autos ersetzen würde, immer noch nachforschen sollte, was die Meinung der Kunden zu ihrer aktuellen Situation ist, um die richtige evolutionäre Lösung finden zu können. Ich habe herausgefunden, dass der Kunde tatsächlich meistens recht hat – wenn man die richtigen Fragen stellt.

Die **Kano-Analyse** ist eine hervorragende Methode, um herauszufinden, was die Kunden wollen. Professor Noriako Kano entwickelte in den 1980ern das Kano-Modell der Kundenzufriedenheit. Produktmanager nutzen dieses Modell bei der Analyse ihrer Anforderungen oder des Product Backlogs, um eine Strategie für die iterative und inkrementelle Produktentwicklung erstellen zu können. Dabei geht es darum, potenzielle (oder bereits existierende) Nutzer einer bestimmten Funktionalität zu fragen, wie sie theoretisch über das Einbinden oder Ausschließen von potenziellen Features denken. Die Antworten werden dann in fünf Kategorien von Merkmalen eingeordnet: Basis-Merkmale, Leistungsmerkmale, Begeisterungsmerkmale, unerhebliche Merkmale und Rückweisungsmerkmale.

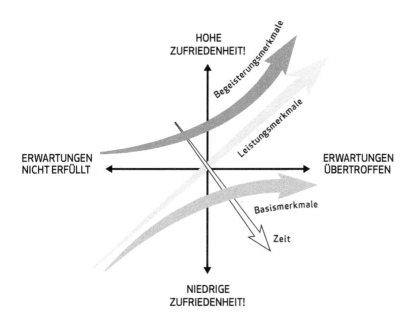

*Abb. I-1. Das Kano-Modell ist eine Methode, um herauszufinden,
was die Kunden wollen.*

Anforderungen die unter die **Basismerkmale** fallen, werden normalerweise als unabdingbar angesehen. Die Kunden erwarten diese Features; sie machen die Kunden nicht besonders glücklich, deren Abwesenheit führt jedoch zu Unzufriedenheit. Wenn ich beispielsweise eine Übernachtung in einem Hotel buche, wird es mich nicht sonderlich erfreuen, ein Bett in meinem Zimmer vorzufinden (da ich davon ausgehe, dass es ein Bett gibt). Wenn es jedoch keine Schlafmöglichkeit für mich in dem Zimmer geben würde, wäre ich extrem unzufrieden. Aus diesem Grund würde ein Bett in die Kategorie Basismerkmal fallen. Sich allerdings nur auf Basismerkmale zu konzentrieren, würde in keinster Weise zu einer guten Kundenzufriedenheit führen.

Leistungsmerkmale, auch *lineare* Features genannt, kann man gut folgendermaßen beschreiben: „Je mehr man von diesem Feature hat, umso zufriedener ist der Kunde". Bei dem Hotel-Beispiel könnte man sagen, je größer und bequemer das Bett ist, umso zufriedener werde ich sein. Daher sind Größe und Gemütlichkeit eines Betts zwei lineare Features. Wenn die Basismerkmale erfüllt sind und es genügend lineare Features gibt, kann ein Produkt laut Kano-Modell eine gute Kundenzufriedenheit erreichen.

Die dritte Kategorie im Kano-Modell sind die **Begeisterungsmerk-male**. Das sind Features, die die Kunden weder erwarten, noch als Optionen in Erwägung gezogen haben, die jedoch große Begeisterung hervorrufen. Sind diese Features nicht vorhanden, hat das keinerlei negative Auswirkungen auf die Kundenzufriedenheit, da die Kunden diese Features ohnehin nicht erwarten. In unserem Beispiel könnte ein solches Begeisterungsmerkmal etwa eine Flasche Wein oder Pralinen als Geschenk des Hauses sein. Begeisterungsmerkmale können einen so positiven Einfluss auf den Kunden ausüben, dass sie bereit sind, dafür ein oder zwei fehlende Basismerkmale in Kauf zu nehmen. An dieser Stelle jedoch ein Wort der Warnung: Begeis-terungsmerkmale können sehr schnell zu Basismerkmalen werden. Wenn ich also das nächste Mal in dem gleichen Hotel einchecke, werde ich sicherlich eine Flasche Wein oder eine Schachtel Pralinen auf meinem Zimmer erwarten!

Unerhebliche Merkmale sind weder Features, die der Kunde erwar-tet, noch solche, die ihn zufriedenstellen, begeistern oder beeinträch-tigen. Dem Kunden ist es schlichtweg egal, ob es diese Features gibt oder nicht. Derartige Features können leicht entfernt werden, da sie wenig bis keine Auswirkungen auf die Kundenzufriedenheit haben. Wenn ich in mein Hotelzimmer einchecke ist es mir zum Beispiel relativ egal, ob auf dem Fernseher steht „Willkommen Geoff!".

Zu guter Letzt gibt es noch **Rückweisungsmerkmale**, die für Product Owner interessant sind, weil sie zeigen, wann es für einige Nutzer „zuviel des Guten" ist. Ich finde es beispielsweise schön, wenn ich ein Tablet in meinem Hotelzimmer habe, mit dem ich das Licht einstellen kann. Wenn man mit diesem Tablet aber alles steuern muss, verstehe ich vielleicht nicht, wie ich es benutzen soll, und sehne mich schon bald nach einem altmodischen Lichtschalter, weil ich so frustriert bin.

Das Kano-Modell bedient sich einer einfachen Art der Kundenbefragung, um festzustellen, welcher Kategorie eine Anforderung zugeordnet werden sollte. Den Leuten wird sowohl eine funktionale Frage (positiv formuliert) als auch eine dysfunktionale Frage (negativ formuliert) zu jeder potenziellen Anforderung gestellt und in folgendes Raster eingeordnet:

Funktionale Frage: Wie würden Sie es finden, wenn es dieses Feature gäbe?

Dysfunktionale Frage: Wie würden Sie es finden, wenn es dieses Feature nicht gäbe?

Wenn die Antwort beispielsweise wäre „Ich fände es gut, wenn es dieses Feature gäbe" oder „Ich fände es nicht gut, wenn es dieses Feature nicht gäbe", sollte dieses Feature als linear bzw. Leistungsmerkmal eingestuft werden.

		DYSFUNKTIONALE FRAGE				
		Ich mag es genau so	Ich erwarte, dass es so ist	Mir egal	Ich kann damit leben	Das stört mich
FUNKTIONALE FRAGE	Ich mag es genau so	X	B	B	B	L
	Ich erwarte, dass es so ist	R	X	U	U	M
	Mir egal	R	U	U	U	M
	Ich kann damit leben	R	U	U	X	M
	Das stört mich	R	R	R	R	X

M   Must-Have/Basis-Merkmal
R   Rückweisungsmerkmal
L   Leistungsmerkmal
X   Unlogisch
B   Begeisterungsmerkmal
U   Unerhebliches Mermal

Abb. I-2. Nutzen Sie das Kano-Modell, um die verschiedenen Features zu kategorisieren.

Was versuchen andere, Ihnen im Bezug auf das Produkt zu vermitteln, worüber Sie bisher noch nicht nachgedacht haben?

Die Kunden beobachten

Auch wenn das Kano-Modell dabei helfen kann, herauszufinden, was Kunden zu wollen glauben, sollte es nie als alleiniges Messinstrument für die Interessen der Kunden eingesetzt werden. Denn wie die berühmte US-amerikanische Anthropologin Margaret Mead sagte: „Was Menschen sagen, was Menschen tun, und was Menschen sagen, dass sie tun, sind völlig verschiedene Dinge".

Oder anders ausgedrückt: zu wissen, dass man etwas wollen *sollte*, heißt nicht automatisch, dass man etwas auch genug will, um es zu kaufen. Mir fallen tatsächlich einige Produkte ein, bei denen zwar alles darauf hindeutete, dass sie ein Erfolg sein würden, die sich aber einfach nicht verkauften. Ein Beispiel dafür ist das alkohol- und zuckerfreie Bier Equator, das 2012 auf den Markt kam.

Ich habe mich mit Karen Salters, Managing Director bei Beverage Brands UK, über die Markteinführung von Equator unterhalten. Karen erzählte mir, dass sich im Rahmen einer Marktuntersuchung in einer Fokusgruppe abgezeichnet hatte, dass die Mehrheit der Kunden sich ein kalorienarmes Bier ohne Zucker wünschten. Auch die Regierung war von der Idee eines gesünderen Bieres angetan, da ohnehin nach Möglichkeiten gesucht wurde, einen übermäßigen Alkoholkonsum in den Griff zu bekommen. Auch laut anderen Umfragen fand eine weniger gehaltvolle Alternative zu Alkohol Anklang in der Gesellschaft. Alles deutete darauf hin, dass das Produkt ein riesen Erfolg werden sollte. Als es dann soweit war, wurde es jedoch nicht gekauft. Alle wussten, dass sie das Produkt wollen *sollten*, aber das reichte nicht. Sie wollten es nicht wirklich. Das Produkt scheiterte.

„Nachforschungen zeigen einem Fakten, aber nicht, was hinter diesen Fakten steckt", erklärte Karen. Bei anderen erfolgreichen Markteinführungen hatte sie Fokusgruppen und Umfragen mit konkreten Beobachtungen des Kundenverhaltens ergänzt. Sie holte Feedback von den Personen ein, die *kein* Interesse an dem Produkt signalisierten, und nutzte diese Informationen, um Fragen zur Motivation der Kunden zu beantworten.

Wenn Ihr Produkt lebendig wäre und
sprechen könnte, was würde es Ihnen
jetzt im Moment sagen?

In der Geschichte in diesem Kapitel verbrachte Mike etwas Zeit damit, Linda und ihr Team dabei zu beobachten, wie sie mit den bereits entwickelten Features arbeiteten. Dabei fiel ihm auf, dass das nicht zu dem Feedback passte, das sie ihnen in den letzten Sprint Reviews gegeben hatten. Dies war größtenteils eine pragmatische und politische Entscheidung von Linda gewesen. Es gibt aber unzählige andere Gründe, warum Menschen nicht das tun, was sie behaupten zu tun – vor allem wenn sie nicht merken, dass sie dabei beobachtet werden!

Ich möchte damit nicht sagen, dass man Leute heimlich ausspionieren sollte, aber Einblicke in konkretes Verhalten zu bekommen, statt sich auf vorgegaukeltes oder erwünschtes Verhalten zu verlassen, kann äußerst aufschlussreich sein. Roman Pichler sagte mir einmal: „Kundenfeedback ist die Basis für Ideen. Kundendaten sind die Basis für Entscheidungen." Vor einigen Jahren arbeitete ich beispielsweise mit King.com, wo auch Handyspiele wie Candy Crush Saga entwickelt wurden. Dort wird anhand von echten Nutzerdaten entschieden, welche Produkte entwickelt werden. Sie haben eine Webseite mit Prototypen von diversen Spielen und laden ihre Nutzerbasis ein, diese Spiele kostenlos zu testen. Statt die Nutzer nach Bewertungen oder Feedback zu fragen, beobachten sie die Nutzer beim Spielen. Sie tracken Unmengen an Daten über die Nutzung und die Ergebnisse sagen ihnen, welche Spiele am leichtesten zu spielen, am beliebtesten und am profitabelsten sind. Das Sammeln von Daten kann sogar über einfache A/B-Tests geschehen. Dabei präsentiert man jeweils der Hälfte der Nutzer eine andere Version einer Benutzerinteraktion und misst dann, welche der beiden Versionen vorteilhafter oder erfolgversprechender erscheint.

Egal ob Sie formell oder informell, ausführlich oder auf einfache Weise anhand von echtem Nutzerverhalten Daten sammeln, denken Sie immer daran, den Aussagen der Kunden nur bis zu einem bestimmten Punkt zu vertrauen. Man weiß nie, was sie wirklich brauchen, bevor man sie nicht in Aktion gesehen hat.

Ein klares Bild ausarbeiten

Eine Möglichkeit, herauszufinden, wie die Nutzer ein Produkt nutzen werden, ist beispielsweise mithilfe von einfachen Papier-Prototypen. Dies sind physische Artefakte, die die Nutzer in die Hand nehmen können, um besser demonstrieren zu können, wie sie damit arbeiten. Häufig wird bei diesen Papier-Prototypen skizziert, wie ein Nutzer eine gewisse Funktionalität erlebt und mit ihr interagiert.

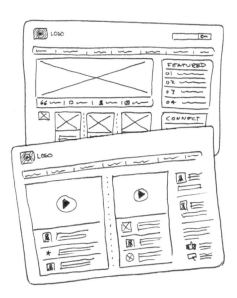

Abb. I-3. Mit Hilfe von Papier-Prototypen bekommen die Nutzer die Möglichkeit, mit etwas Greifbarem zu interagieren.

In der Geschichte erstellte Stef Papier-Prototypen, um schnell Annahmen prüfen zu können und ein gemeinsames Verständnis dafür zu schaffen, was das Team brauchte und was möglich war. Dann wandelte Stef die Prototypen und die Erkenntnisse aus diesem Prozess in eine einfache Version funktionierender Software um – nichts, bei dem wirklich viel dahinter steckte, sondern lediglich einige simple Screens, die die Funktionalität der Prototypen wiedergaben. Diese elektronischen Versionen zeigte er den Nutzern, um vor der nächsten Iteration erneut Feedback einholen zu können.

Wenn ein Kunde Schwierigkeiten damit hat, eine bestimmte Funktionalität zu beschreiben (oder man Schwierigkeiten hat, die beschriebene Funktionalität zu verstehen), kann ein Bild wertvoller sein als tausend Worte. Großartige Product Owner nutzen solche simplen Hilfsmittel wie Papier-Prototypen, um effektiver mit Nutzern und Kunden kommunizieren zu können.

Weiterhin schnell scheitern

Auch wenn großartige Product Owner den Erfolg eines Produkts akribisch planen, denken sie trotzdem auch immer daran, wie sie die Risiken minimieren können, falls ein Produkt doch scheitern sollte. Sie haben folgendes Motto:

„Sollte das Produkt ein Misserfolg sein, dann scheitere ich lieber nach 2 Monaten statt nach 22 Monaten."

Das bedeutet nicht, dass Product Owner das Scheitern des Projekts planen oder ihre Produkte sabotieren. Im Gegenteil! Es bedeutet, dass großartige Product Owner verstanden haben, dass Zeit Geld ist. Gibt es also ein Problem mit dem Produkt, finden sie es am liebsten so früh wie möglich heraus, um mehr Zeit zu haben, sich um dieses Problem zu kümmern, oder im schlimmsten Fall sogar die Entwicklung abzubrechen, bevor zu viel Geld verschwendet wird.

Was würde ich am wenigsten gerne erst kurz vor dem Release herausfinden wollen?

Wie könnte ich dies schon früher herausfinden?

In dieser Geschichte hatte Mikes Selbstvertrauen einen Dämpfer bekommen, weil er einige Anforderungen falsch interpretiert hatte. Die für ihn beste Reaktion darauf war es, weniger Annahmen zu machen und sich mehr auf Beobachtungen und konkrete Daten zu konzentrieren, als er es bisher getan hatte. Bitte beachten Sie, dass die Schlagwörter hier *weniger* und *mehr* sind. Wenn Product Owner ein, zwei schlechte Entscheidungen getroffen haben, neigen sie zum Überkompensieren und denken dann unter Umständen zu viel über jedes einzelne Feature nach. In den Monaten zuvor waren Mikes Intuition und Analysefähigkeit verhältnismäßig gut gewesen, daher sollte er sie nicht vollständig über Bord werfen. Auch wenn es sehr wichtig ist, Daten zu sammeln, Fragen zu stellen und das Nutzerverhalten zu beobachten, ist es trotzdem besser, schnell etwas Falsches zu entwickeln und sich frühzeitig Feedback dazu einzuholen, statt zu lange zu warten in der Hoffnung, niemals einen Fehler zu machen. Großartige Product Owner wissen, wie sie den richtigen Mittelweg zwischen Fakten, Intuition und einer guten Portion Mut finden.

„Wenn wir überhaupt keinen Druck hätten,
was würdet ihr dann vorschlagen?"

Fragen und Antworten

Gute Product Owner wissen genug,
um Entscheidungen fällen zu können.
Großartige Product Owner wissen genug,
um Fragen stellen zu können.

Judy war zufrieden damit, wie das letzte Sprint Review Meeting verlaufen war und freute sich schon auf den nächsten Teil der Tagesordnung, bei der sie und ihr Team gemeinsam den nächsten Sprint planen würden. Sie hatten bereits besprochen, wie sie den nächsten Sprint der Erweiterung der Funktionalität für künstliche Intelligenz widmen könnten. Judy hatte sich sogar schon ein verlockendes Sprint-Ziel überlegt und es den Turing-Sprint genannt – nach Alan Turing, der als Vater der theoretischen Informatik und künstlichen Intelligenz gilt. Sie hatte das Gefühl, die Vorfreude der Stakeholder und des Entwicklungsteams auf die neuen tollen Features förmlich spüren zu können.

Wie üblich begann Judy die zweite Hälfte des Meetings, indem sie das Sprint-Ziel, das sie am Morgen bereits verkündet hatte, noch einmal wiederholte und die am höchsten priorisierten Features ausdruckte und an die Wände hing. Diese Ausdrucke, die sie und das Team in einem ihrer regelmäßigen „Product Backlog Refinement Workshops" erarbeitet hatten, enthielten nicht nur die User Stories und Akzeptanzkriterien sondern auch einige User Journeys, die erklärten, wie die jeweilige Funktionalität eines oder mehrere Probleme der User lösen könnte.

Als nächstes besprachen Judy und das Entwicklungsteam eine Reihe technischer Implementierungsdetails und erstellten daraus ein Sprint Backlog für die nächsten Wochen. Eine der Storys stellte sich jedoch als etwas schwieriger heraus als der Rest.

„Diese Story ist schwer zu planen. Es hängt alles davon ab, wie wir die Sache angehen wollen. Wie sollen wir das am besten machen?", frage Ceri, ein Mitglied des Entwicklungsteams.

„Wie ihr wisst, bin ich kein Experte auf diesem Gebiet. Was glaubt ihr, welche Optionen es gibt?", antwortete Judy.

„Es hört sich wie eine gute Gelegenheit für einen Brainstorm Battle an!", schlug ScrumMaster Lee vor.

„Tolle Idee", stimmte Judy zu.

Judy ging sich schnell einen wohlverdienten Kaffee holen, während sich das Team in vier Gruppen aufteilte. Jede Gruppe führte einen Brainstorm Battle durch, eine spaßige Gruppenübung, mit der man verschiedenste Ideen sammeln kann und die eine amüsante Struktur bietet, um diese Ideen dann zu analysieren und zu filtern. Am Ende hatten sich die Teammitglieder auf zwei Optionen geeinigt, die sie Judy präsentierten.

Sie hatten gute Arbeit geleistet und die einzelnen Optionen gründlich erklärt. Allerdings wirkten sie nicht so begeistert wie sonst nach einem Brainstorm Battle. Judy wartete ab, ob es noch weitere Ideen gab, aber die Teammitglieder hatten nichts mehr hinzuzufügen.

„Beide Optionen hören sich an, als könnten sie funktionieren", meinte Judy. „Aber irgendetwas fühlt sich nicht richtig an."

Aus dem Augenwinkel konnte Judy erkennen, wie Suzanne, eine der Entwicklerinnen, stumm nickte. Judy bemerkte, dass Suzanne viel stiller war als sonst.

Judy wartete kurz ab und sagte dann: „Ich bin mir immer noch nicht sicher, ob ich schon genug weiß, um eine Entscheidung zu treffen. Mich würde wirklich interessieren, was ihr an meiner Stelle tun würdet". Sie sah Suzanne an und fragte: „Was meinst du dazu, Suzanne?"

Suzanne blickte erschrocken auf, antwortete jedoch prompt. „Um ehrlich zu sein, glaube ich, dass wir ein wenig zu sehr unter Druck stehen und das könnte Einfluss auf unser Vorgehen haben. Ich glaube, dass keine der beiden Optionen eine strategische Lösung bieten kann. Ich habe etwas Sorge, dass wir zu schnell eine Entscheidung treffen wollen, nur weil wir gerade in einem Sprint Planning mit knappem Zeitrahmen sitzen.

„Interessant. Ich weiß, was du meinst", sagte Judy. „Also, was würdest du vorschlagen, wenn wir überhaupt keinen Druck hätten und es egal wäre, wenn wir in diesem Meeting keine Lösung finden oder sogar die Funktionalität in diesem Sprint gar nicht liefern können?"

Suzanne neigte ihren Kopf zur Seite und schaute an die Decke während sie darüber nachdachte, was Judy gerade gesagt hatte. Dann meinte sie: „Das ist eine spannende Frage. Wenn wir alle Zeit der Welt hätten, würde ich unter Anbetracht unserer aktuellen Architektur und unserer Entscheidungen der letzten Sprints vorschlagen, einige der Arbeiten aus dem letzten Sprint zu überarbeiten. Ein paar der bereits bestehenden Features müssten sicherlich umgestaltet werden, um strategisch besser zu diesem speziellen Feature zu passen." Suzanne beschrieb die Entscheidungen der letzten Sprints etwas ausführlicher und erklärte dann, was man tun könne, damit die Funktionalität für die künstliche Intelligenz langfristig besser funktionieren könne.

„Vielen Dank dafür", sagte Judy. „Ich weiß, dass du so etwas nicht leichtfertig sagen würdest. Und auch wenn ich zugeben muss, dass das etwas riskant klingt, weil die existierenden Features schon von den Stakeholdern abgesegnet wurden, kann ich durchaus die Logik dahinter verstehen. Was denken die anderen?"

Ceri antwortete zuerst: „Ich glaube, dass Suzannes Vorschlag äußerst vorteilhaft wäre. Es würde die Kosten aber sicherlich um 50 % steigern."

Die restlichen Teammitglieder stimmten murmelnd zu.

„Autsch. Das ist ein teurer Vorschlag", erwiderte Judy. „Selbst wenn ich mein Okay gebe, wird es schwierig werden, das den Stakeholdern zu verkaufen." Sie hielt kurz inne und stellte dem Team dann eine andere Frage: „Wenn ihr das bezahlen müsstet, was würde es für euch zu einem attraktiveren Deal machen?"

Die Teammitglieder schauten sich ein, zwei Minuten nachdenklich an. Irgendwann meinte Lee: „Vielleicht könnten wir einige der technischen Schulden auf einen Schlag fixen. Das wäre doch ein besseres Angebot."

„Das hört sich nicht schlecht an", sagte Judy und holte die Liste mit den technischen Schulden hervor.

Ceri, Suzanne und die anderen suchten sich dann vier Integrationsprobleme heraus, die ihnen aufgefallen waren und die alle in irgendeiner Weise mit den Features zu tun hatten, die sie überarbeiten wollten. Sie zeigten Judy, wie sie sie alle gleichzeitig durch die Überarbeitung der Features aus dem letzten Sprint beheben könnten. Dadurch würde der Sprint an Wert gewinnen und somit für die Stakeholdern interessanter werden.

Als entschieden war, mit welchen technischen Schulden sich das Team befassen würde und wie die Überarbeitung der Features aussehen sollte, blickte Judy auf all die tollen neuen Features, die eigentlich für diesen Sprint geplant gewesen waren – Features, die nun erst in einem späteren Sprint entwickelt werden sollten.

„Ich danke euch allen, dass ihr eure Meinung dazu gesagt habt. Ich muss euch leider sagen, dass das wirklich nicht das war, was ich hören wollte. Die Stakeholder und ich hatten uns so auf diesen Sprint und all die neuen Features gefreut und ich weiß, dass ihr ebenso davon begeistert wart. Aber ich erkenne auch die Logik dahinter, das alles strategischer anzugehen, und ich bin auch der Meinung, dass es die richtige Entscheidung ist", gab Judy zu. „Bevor wir damit zu den Stakeholdern gehen, sollten wir allerdings unser Sprint-Ziel umbenennen. Wie wäre es mit ‚In den sauren Apfel beißen'? Es ist zwar nicht so aufregend wie der ‚Turing-Sprint', spiegelt aber ganz gut wider, dass wir uns jetzt darauf konzentrieren möchten, alles in Ordnung zu bringen, um später die Früchte unser Anstrengungen ernten zu können. Ich glaube das kann uns dabei helfen, die Stakeholder zu überzeugen, noch ein wenig Geduld zu haben."

Das Team stimmte zu. Judy bemühte sich, den Stakeholdern die Gründe für diese Entscheidung zu erklären und sie während des gesamten Sprints über den Fortschritt auf dem Laufenden zu halten. Infolge dessen wichen ihre anfänglichen Bedenken schon bald dem Vertrauen, mit dieser langfristigen Lösung die richtige Entscheidung getroffen zu haben.

Hinterfragen, was nicht ausgesprochen wird

Gute Product Owner kennen sich mit dem Produkt und dem entsprechenden Markt aus. Die meisten Product Owner sind sich auch ihrer Verpflichtungen in dieser Hinsicht bewusst. Wirklich gut informierte Product Owner verfügen jedoch über dasselbe Level an Wissen über Menschen. Aus diesem Grund achten großartige Product Owner nicht nur darauf, was die Leute, mit denen sie zusammenarbeiten, tun und sagen, sondern auch darauf, was sie nicht tun und sagen.

In der Geschichte war Judy nicht nur in der Lage, zu hören, was das Team aussprach:

„Dies sind die zwei möglichen Optionen."

Sie konnte auch hören, was nicht ausgesprochen wurde:

„Wir glauben nicht, dass diese Optionen eine wirklich gute Lösung wären."

Wie? Indem sie das Verhalten der Teammitglieder genau beobachtete, indem sie nachbohrte und indem sie aufmerksam den Antworten lauschte.

Wie gut kennen Sie Ihr Team?

Wie könnte es für Sie, Ihr Team und das Produkt von Vorteil sein, wenn Sie Ihr Team besser kennen würden?

Bitte verwechseln Sie meine Aufforderung, aufmerksam zu sein, nicht damit, Leute ins Kreuzverhör zu nehmen oder deren Antworten grundsätzlich anzuzweifeln. Ich habe schon Product Owner erlebt, die das Gefühl hatten, das Team mit technischen Fragen bombardieren zu müssen – nicht etwa, weil die Product Owner sonderlich an den Antworten interessiert waren, sondern weil sie befürchteten, hereingelegt oder ausgenutzt zu werden. Ich kann derartige Fragen nicht empfehlen. Was ich jedoch empfehlen kann, sind Fragen die ich als CHILD-Fragen bezeichne; diese Fragen verfügen über gewisse Hauptmerkmale die im Englischen zufälligerweise das Akronym CHILD bilden. Großartige Product Owner stellen auf neugierige (curious), bescheidene (humble), aufschlussreiche (illuminating), unbegrenzte (limitless) und direkte (direct) Weise ihre Fragen.

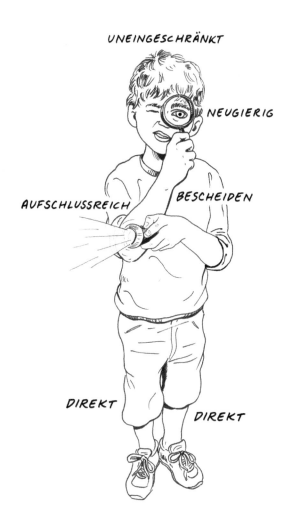

Neugierig bleiben

Gute Product Owner sind **neugierig** – sowohl was das Produkt angeht als auch die Leute, die daran arbeiten. Ihre Fragen entstehen durch ein ehrliches Interesse daran, mehr erfahren und verstehen zu wollen. Sie erzeugen Engagement und regen zum Nachdenken an. Diese Art von Neugierde kann äußerst ansteckend sein. Schon bald werden auch andere Personen anfangen, sich mehr mit dem Thema zu beschäftigen.

Neugierig zu sein, bringt allerdings nur etwas, wenn man auch wirklich hinhört, wie die Antwort lautet. Laut *Stephen Covey* hören die meisten Menschen nur zu, um etwas wiedergeben zu können. Großartige Product Owner wollen jedoch tatsächlich erfahren, was andere Leute denken, und haben dabei nicht bereits eine eigene Antwort im Hinterkopf. Man kann auf einfache Weise demonstrieren, dass man der Antwort von jemandem zugehört hat, indem man wiederholt, was gesagt wurde, statt direkt seine eigene Meinung dazu zum Besten zu geben.

Großartige Product Owner wollen mehr über das Produktumfeld erfahren und lieben es, dazuzulernen. Sie nehmen sich wöchentlich oder sogar täglich Zeit, um ihrer Neugier nachzugeben und mehr über das Produkt, den Markt, die Nutzer und das Team in Erfahrung zu bringen. Großartige Product Owner sind außerdem neugierig, zu erfahren, was um sie herum passiert und was ihre eigenen Verhaltensweisen sind. Sie erlernen die Fähigkeit, darauf zu achten, wann sie nicht oder nur oberflächlich zuhören bzw. einfach nur vorwitzig sind. Einige Product Owner bitten sogar ihre Mitmenschen darum, ihnen diese schlechten Angewohnheiten vor Augen zu führen, damit sie lernen, ihre Neugier richtig einzusetzen.

In der Geschichte erkannte Judy an Suzannes Körpersprache, dass sie Bedenken hatte, die sie noch nicht ausgesprochen hatte. Sie bat Suzanne, zu sagen, was sie denkt, und wurde dafür mit Informationen belohnt, die sie zuvor nicht in Betracht gezogen hatte. Interessiert und neugierig zu sein, ist eine sehr mächtige Eigenschaft.

Meiner Meinung nach enthalten Fragen ein gesundes Maß an Neugierde, wenn sie mit „Ich frage mich, warum…", „Was wäre, wenn…" oder „Ist es nicht interessant, dass…" beginnen.

Bescheiden bleiben

Wie bereits angesprochen, wissen gute Product Owner, wann sie den Experten vertrauen können, und haben nicht das Bedürfnis, alles selbst herausfinden zu müssen. Sie haben kein Problem damit, nicht alles selbst zu wissen; denn sie kennen die Leute, die es tun. Sie sind auf ganz souveräne Weise **bescheiden**. Aus diesem Grund können sie viel engere Beziehungen aufbauen als arrogante oder unsichere Menschen.

Fragen, die Bescheidenheit ausstrahlen, kommen gut an, da sie eine gewisse Verletzlichkeit demonstrieren. Außerdem vermeidet man mit solchen Fragen, dass die Leute defensiv reagieren oder sich unwohl fühlen. Sie verstehen nämlich, dass es nicht darum geht, jemanden zu bewerten oder jemandem Ideen zu stehlen, wenn solche Fragen aus echtem Interesse gestellt werden. Bescheidene Fragen zu stellen, hat zudem Vorbildcharakter für die anderen Teammitglieder, die sich dadurch auch eher selbst trauen, sich verletzlich zu zeigen, um Hilfe zu bitten und nicht immer gute Miene zum bösen Spiel machen zu müssen bzw. so zu tun, als ob sie von etwas Ahnung hätten, auch wenn das gar nicht der Fall ist.

Großartige Product Owner kennen die Macht der Bescheidenheit. Daher würdigen sie alle Beiträge, auch wenn sie die Antwort bereits selbst kennen. Außerdem vermeiden sie bewusst Machtspiele, wenn andere Personen Vorschläge machen (selbst wenn sie genau wissen, dass es bessere Optionen gibt).

Ich finde, dass Fragen ein gesundes Maß an Bescheidenheit demonstrieren, die etwa mit „Ich bin mir nicht sicher, was denkt ihr...?", „Ich bin kein Experte was das angeht..." oder „Ich wüsste gerne, was ihr davon haltet..." beginnen.

Die Situation beleuchten

Großartige Product Owner stellen Fragen, die die Situation für sich und andere beleuchten. Diese **aufschlussreichen** Fragen bringen Klarheit über neue Möglichkeiten oder verdeckte Probleme und helfen zudem dabei, Muster, Zusammenhänge oder sogar die ultimative Quelle eines Problems oder einer Lösung aufzudecken.

In der Geschichte fragt Judy das Team: „Wenn ihr das bezahlen müsstet, was würde es für euch zu einem attraktiveren Deal machen?" Dadurch sehen die Teammitglieder das Problem plötzlich aus einem anderen Blickwinkel und machen den Vorschlag, besser erst die technischen Schulden zu beseitigen und gleichzeitig einige Features zu überarbeiten, um damit die Investition für die Stakeholder attraktiver zu gestalten.

Gute Product Owner stellen Fragen, die anderen dabei helfen, neue Dinge zu entdecken und neue Möglichkeiten zu finden, mit denen sie schwierige Probleme lösen können. Statt Lösungen vorzugeben, stellen großartige Product Owner ihre Fragen mit der Intention, Werkzeuge und Raum zur Verfügung zu stellen, mit denen die jeweiligen Personen eigene kreative Lösungen entwickeln können.

Aufschlussreiche Fragen beginnen häufig mit „Gibt es einen Zusammenhang zwischen...?", „Was sagt uns das über...?" oder „Was bedeutet...?".

Uneingeschränktes Denken fördern

Menschen tendieren dazu, Situationen aus dem Blickwinkel ihres eigenen Paradigmas zu betrachten. Jeder hat eigene Ansichten und eine ganze Reihe unbewusster Annahmen: Vermutungen darüber, was das Problem ist, was die verfügbaren Optionen sind, welche Fähigkeiten und welches Wissen bereits zur Verfügung stehen, was logisch ist und sogar was tatsächlich wahr ist.

Großartige Product Owner zerschlagen diese Vermutungen, indem sie Zweifel beseitigen und das Hypothetische, das Unmögliche und manchmal sogar etwas absolut Verrücktes willkommen heißen. Sie stellen ihre eigenen Grenzen und Vermutungen permanent in Frage und ermutigen auch andere dazu, indem sie **uneingeschränkte** Fragen stellen – Fragen, die über die Grenzen dessen, was wir als wahr empfinden, hinausgehen.

In unserer Geschichte stellte Judy Suzanne die Frage „…wenn wir überhaupt keinen Druck hätten…was würdest du dann vorschlagen?". Diese Frage ermöglichte es Suzanne, auch Optionen in Betracht zu ziehen, von denen sie dachte, dass sie bereits vom Tisch seinen.

Großartige Product Owner ermutigen andere nicht nur dazu, die Grenzen einer Situation zu hinterfragen. Sie ermutigen sie auch dazu, ihre eigenen Grenzen in Frage zu stellen (sowohl persönlich als auch im Team) und demonstrieren ehrliches Vertrauen in die Fähigkeit dieser Leute, eine Frage beantworten bzw. ein Problem lösen zu können.

Fragen, die mit „Wenn wir alle Möglichkeiten hätten…", „Wenn wir besser wären, als wir glauben…" oder „Wenn wir mit alldem völlig falsch liegen würden…" beginnen, stellen die Realität und deren aktuelle Grenzen auf gesunde Art und Weise in Frage.

Direkt sein

Direkte Fragen sind ehrlich, eindeutig und präzise. Bei direkten Fragen gibt es weder Hintergedanken noch Misstrauen sondern nur ehrliches Interesse. Die Einfachheit und Aufrichtigkeit von direkten Fragen beseitigt Barrieren und eröffnet einen Dialog. Auf diese Weise können direkte Fragen – bei denen es keine Hintergedanken gibt und die nichts vortäuschen – Vertrauen und bessere Beziehungen schaffen.

Großartige Product Owner sind trotzdem äußerst vorsichtig, wenn es darum geht, wann und wie sie Fragen stellen. Sie achten auf Sinnzusammenhänge und nonverbale Hinweise, wie z.B. Körpersprache. Sie passen auf, dass sie Direktheit nicht damit verwechseln, unhöflich oder respektlos zu sein bzw. andere unter Druck zu setzen.

Als Judy bemerkte, dass Suzanne viel ruhiger war als sonst, fragte sie sie direkt nach ihrer Meinung. Ihre Frage war weder drohend noch vorwurfsvoll. Sie spiegelte lediglich Judys ehrliches Interesse an Suzannes Bedenken hinsichtlich der genannten Möglichkeiten wider. In Kombination mit dem Vertrauen, das Judy bereits zwischen ihr und dem gesamten Team im Laufe der letzten Sprints aufgebaut hatte, gab es Suzanne die Sicherheit, eine ebenso direkte Antwort zu geben.

Großartige Product Owner schaffen es, etwas mehr von den CHILD-Merkmalen in ihre Zuhör- und Fragetechniken einfließen zu lassen, indem sie Fragen stellen, die die Merkmale „neugierig", „bescheiden",

„aufschlussreich", „uneingeschränkt" und „direkt" in sich vereinen. Damit sind sie besser informiert sowie in der Lage, die richtigen Entscheidungen für ihre Produkte zu fällen.

Wie könnten Sie Ihrem Team effektivere Fragen stellen?

Zeit für Antworten

Für effektive Entscheidungen nehmen sich großartige Product Owner Zeit, um sicherzustellen, dass sowohl sie als auch der Rest des Teams und möglichst auch andere Stakeholder so gut wie möglich informiert sind. In der Geschichte werden zwei Methoden für das Teilen von Wissen im Team erwähnt: Product Backlog Refinement Workshops und Brainstorm Battles.

Ein **Product Backlog Refinement Workshop** ist ein gemeinsames Meeting, das normalerweise einmal pro Sprint durchgeführt wird. In dem Workshop kommen der Product Owner und die Mitglieder des Entwicklungsteams (und manchmal auch andere Stakeholder) zusammen, um die nächsten hoch priorisierten Product Backlog Items zu besprechen.

Für Product Backlog Refinement Workshops gibt es keine standardisierte Agenda; sie sind ein optionaler und frei gestaltbarer Teil des agilen Produktmanagement-Frameworks. Allerdings haben die meisten agilen Teams ähnliche Faktoren, die sie bei der Umsetzung dieses Workshops berücksichtigen.

Product Backlog Refinement Workshops finden meist kurz nach der Hälfte einer Iteration statt und dauern normalerweise mindestens 30 Minuten und maximal 2 Stunden. In diesen Workshops haben die Teammitglieder die Gelegenheit, die Details der User Storys zu klären, Fragen über Grenzfälle zu stellen und „Was, wenn…?"-Szenarien zu formulieren, die ihnen bei der Planung des Sprints behilflich sein werden. Der Product Owner hat die Chance, Fragen, die im Workshop nicht beantwortet werden können, zu notieren und spezifische Informationen zu recherchieren, die das Team vor Beginn des Sprint Planning Meetings benötigt.

Durch regelmäßige Product Backlog Refinement Workshops verläuft das Sprint Planning in der Regel reibungsloser und wird effektiver. Die Teammitglieder kommen mit einem besseren Verständnis der am höchsten priorisierten Items in das Sprint Planning und können daher viel sicherer und schneller Einschätzungen vornehmen. Außerdem kommen sie so nicht in die Situation, ein hoch priorisiertes Feature aufgrund fehlender Informationen zurückweisen zu müssen. Wie in der Geschichte beschrieben, können die Artefakte aus den Workshops in die Sprint Planning Meetings aufgenommen werden, wodurch diese greifbarer, visueller und ansprechender gestaltet werden. Aus all diesen Gründen sind Product Backlog Refinement Workshops all die Zeit und Mühe wert, die die Teammitglieder und Product Owner in sie investieren.

Ein **Brainstorm Battle** ist eine andere Möglichkeit, Informationen zu teilen. Ein Brainstorm Battle ist eine kreative Methode zur Problemlösung und Analyse, die ich bereits mit einigen Teams ausprobiert habe und mit der man gemeinsam eine bestimmte Situation prüfen, überdenken sowie alternative Lösungsmöglichkeiten dafür finden kann.

Die Struktur kann an die Anzahl der Leute und die Anzahl der verfügbaren Möglichkeiten angepasst werden, folgt aber grob diesem Ablauf:

1. Nennen Sie das Problem sowie alle Beschränkungen, die eingehalten werden müssen. Erinnern Sie das Team daran, jegliche Annahmen in Frage zu stellen – zu fragen: „Ist das wirklich wichtig?", „Kann man wirklich nichts daran ändern?".

2. Bilden Sie 4 Gruppen (jede Gruppe sollte mindestens aus 2 Personen bestehen). Jede Gruppe arbeitet separat für max. 30 Minuten daran, die potenziellen Möglichkeiten zu identifizieren, um das Problem aus Schritt 1 zu lösen. Jede Gruppe kann dann verschiedene Optionen identifizieren und intern priorisieren.

3. Wenn die Zeit um ist, präsentieren die Gruppen 1 und 2 abwechselnd ihre Vorschläge den Gruppen 3 und 4.

4. Nachdem Gruppen 1 und 2 ihre Optionen präsentiert haben, stimmen die Gruppen 3 und 4 darüber ab, welche Option sie bevorzugen. Diese Option kommt dann in die nächste Runde. Nehmen wir beispielsweise an, dass die Gruppen 3 und 4 die Option der Gruppe 1 wählen.

5. Gruppen 3 und 4 haben dann die Möglichkeit, ihre eigenen Optionen den Gruppen 1 und 2 vorzustellen, die dann auch ihre bevorzugte Option wählen. Wieder kommt diese Option in die nächste Runde. Nehmen wir dieses Mal an, dass sich Gruppen 1 und 2 für die Option von Gruppe 3 entscheiden.

6. Idealerweise gibt es eine kleine Timebox, in der alle gemeinsam Feedback für die beiden bevorzugten Optionen abgeben. Die beiden Gewinnergruppen 1 und 3 bekommen 10 Minuten zusätzlich, um Feedback einzuholen und ihre Vorschläge für die nächste Runde zu verbessern. In dieser Zeit können dann die Gruppen 2 und 4 wählen, welche der überarbeiteten Optionen sie bevorzugen.

Es gibt viele Möglichkeiten, diese einfache Struktur an den Kontext des Teams anzupassen. Die Teams können alle Optionen gegeneinander abwägen; sie können die Optionen auch wie in der Geschichte auf zwei (oder drei) reduzieren und die verschiedenen Optionen einem Entscheidungsträger präsentieren.

Wie könnten Sie Ihren Prozess anpassen, um mehr Zeit für mehr mögliche Lösungen einzubauen?

Egal, ob Sie diese Methoden oder andere Tools nutzen – großartige Product Owner sind sich im Klaren darüber, dass die Teammitglieder (und alle anderen Stakeholder) über einen großen Wissens- und Erfahrungsschatz verfügen. Wenn großartige Product Owner eine schwierige Entscheidung treffen müssen – vor allem wenn nicht klar ist, ob es eine „richtige" Antwort gibt – nehmen sie sich Zeit, um offen Informationen mit anderen Personen zu teilen und sie gemeinsam zu hinterfragen, um die bestmögliche Entscheidung treffen zu können.

Informiert sein

Gute Product Owner sind gut informiert. Es ist ihnen bewusst, dass es nicht ausreicht, ein Product Backlog zu erstellen und bei allen relevanten Meetings dabei zu sein. Sie haben verstanden, dass sie für ihre Teams zur Verfügung stehen müssen, um schnell ausreichend Informationen einfordern, herausfinden und verarbeiten zu können und so zeitnahe Entscheidungen treffen zu können.

Dazu gehört ein gutes Verständnis des Produkts und des Marktumfeldes sowie der potentiellen Käufer, Konsumenten und Nutzer des Produkts. Durch eine ausgewogene Mischung von eingeholten Informationen und schnellem Feedback sowie Lernmöglichkeiten innerhalb eines agilen Prozesses können großartige Product Owner Entscheidungen fällen, die ihre Produkte zum Erfolg führen.

Es gibt noch einen weiteren – vielleicht etwas weniger offensichtlichen – Aspekt, wenn es darum geht, gut informiert zu sein: andere gut genug zu verstehen, um die richtigen Fragen der richtigen Leute zum richtigen Zeitpunkt zu stellen, und sich selbst gut genug zu kennen, um die Antworten akzeptieren und darauf reagieren zu können. Großartige Product Owner schaffen Gelegenheiten, um bahnbrechende Ideen finden und teilen zu können, die sich hinter realen oder vermeintlichen Hindernissen befinden.

Product Owner, die sowohl im Hinblick auf die Produkte als auch auf die Menschen gut informiert sind, sind in der Lage, die richtigen Entscheidungen zu treffen, um das richtige Produkt zum richtigen Zeitpunkt auf den Markt zu bringen.

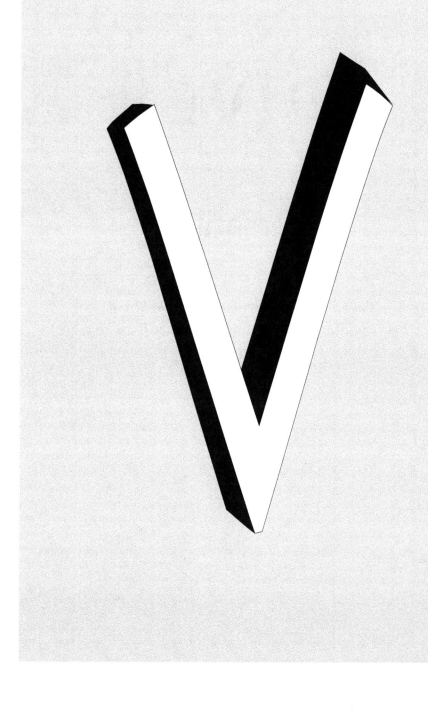

DRIVEN

Versatile

„Bei Stilfragen, schwimme mit dem Strom.
Bei Grundsatzfragen, sei ein Fels in der Brandung."
Thomas Jefferson

Etwas, das Product Owner mit den DRIVEN-Eigenschaften früh lernen, ist die Tatsache, dass agile Teams in einem Umfeld voll von Komplexität, Ungewissheit und Veränderung agieren – drei Faktoren, die Angst und Stress bei Menschen auslösen. Das ist einer der Gründe, warum gute Product Owner versuchen, inmitten des Chaos, das in jedem kreativen Unterfangen steckt, konsequent, selbstbewusst und entschlossen Entscheidungen zu fällen und den richtigen Weg in die Zukunft zu finden. Sie wissen, dass Entscheidungsfreudigkeit, ein gewisses Maß an Unerbittlichkeit und die Tatsache, stets gut informiert zu sein, dabei helfen, die Ängste ihrer Teams zu minimieren, sodass sie sich auf ihre eigentliche Arbeit konzentrieren können.

Großartige Product Owner haben jedoch verstanden, wie leicht diese wünschenswerten Eigenschaften im Extremfall zu unflexiblen, steifen und unnachgiebigen Eigenschaften werden können. Daher sind großartige Product Owner auch **flexibel** und wandlungsfähig genug, um sich in einem unbeständigen Umfeld jederzeit anpassen zu können. Großartige Product Owner streben nach einem selbstbewussten Auftreten, ohne dabei dogmatisch oder unflexibel zu sein; ihnen ist bewusst, dass sie niemals alles wissen können, und stehen Veränderungen mit der Hilfe von Feedback, neuen Informationen oder Daten offen gegenüber.

Die folgenden Geschichten und Diskussionen zeigen, wie großartige Product Owner lernen, mit dem scheinbaren Widerspruch umzugehen, durch Flexibilität stark zu sein – sowohl im Umgang mit ihren Teams als auch im Hinblick auf die Pläne für das Produkt, das sie entwickeln.

Alex war aufgeregt. Sie hatte noch nie mit diesem Team zusammengearbeitet und wollte einen guten ersten Eindruck hinterlassen.

Als Alex nach Hause ging,
tranken die anderen
Teammitglieder fröhlich weiter

Flexibel und doch standhaft bleiben

Ein guter Product Owner ist glaubwürdig und zuverlässig.
Ein großartiger Product Owner weiß, dass Flexibilität
Voraussetzung für Stärke ist.

Es war ein ganz normaler britischer Sommertag; die Sonne war kurz davor, herauszukommen, doch sie weigerte sich stur. Stattdessen versteckte sie sich hinter den Wolken und entlockte ihnen sogar einige Tropfen Regen. Product Owner Alex hatte ein kleines Budget für Essen und Getränke herausschlagen können und ein Grillfest für das Team organisiert. Als sie danach gefragt wurde, wie lange sie alle nicht im Büro sein würden und wie teuer das werden würde, erwiderte sie, dass das Team und sie selbst nach einem solchen Treffen bei der Arbeit bessere Ergebnisse erzielen könnten.

Das Team ließ sich von dem trüben Augustwetter nicht die Stimmung verderben und alle genossen ihr Grillfest; vielleicht hatte das gratis Bier etwas damit zu tun! Alex selbst war etwas angespannt; sie machte sich Sorgen, das Wetter könne schlechter werden, das

Bier könne ausgehen, die Musik könne nicht gut genug sein usw.
Sie wollte wirklich einen guten Eindruck hinterlassen und war sich
des Rufes, den die Product Owner in diesem Unternehmen hatten,
sehr bewusst – sie vertrauten auf ihre Autorität, um unrealistische
Fristen durchzusetzen. Aber sie wollte beweisen, dass sie zugänglich
und anpassungsfähig sein und dennoch die Ziele für den Sprint
erreichen konnte.

Sie hatten bereits einige Sprints in diesem Projekt hinter sich gebracht
und dies war ihr zweites Team-Event. Bisher schien alles ziemlich gut
zu laufen. Sie hatten ein paar Fehler gemacht, aber laut Alex arbeitete
das Team gut und war zufrieden mit dem Projekt. Tatsächlich kam
ein Teammitglied, Polly, einmal zu Alex und erzählte ihr, dass dies
wohl das beste Teamgefühl sei, das sie jemals in dem Unternehmen
erlebt habe. „Sogar im zweiten Sprint, in dem wir kaum etwas fertig
bekamen", fügte Polly vorsichtig hinzu. Polly führte die Tatsache,
dass das Team sich nun so wohl fühlte, darauf zurück, dass Alex
nicht wie all die anderen Product Owner verärgert reagiert hatte.

Gegen 20.00 Uhr neigte sich die Party langsam dem Ende zu. Alex
beschloss, dass es für sie an der Zeit war, den Heimweg anzutreten.
Sie wurde langsam nervös wegen des Meetings am nächsten Tag mit
einem ihrer wichtigsten Stakeholder, Ted. Sie hatte Ted, der offen
den erwähnten zweiten Sprint kritisiert hatte, aus zwei Gründen
ausdrücklich gebeten, ins Büro zu kommen und sie und das Team
zu treffen. Erstens hoffte sie, dass er beruhigt sein würde, wenn er
den Fortschritt sehen würde, den das Team seit den ersten Sprints
gemacht hatte. Zweitens glaubte sie, dass Ted die richtige Person
sein würde, um Antworten auf die Fragen zu finden, die das Team
noch zum aktuellen Sprint hatte. Sie wollte, dass alles gut lief.

Alex beschloss, dass es wohl das Beste sein würde, genug Schlaf zu bekommen, um sich keine Gedanken mehr darum zu machen. Die Teammitglieder winkten ihr begeistert zu als sie sich verabschiedete und sie dankten ihr noch einmal für die Organisation dieses tollen Team-Events. Alex lächelte und machte sich auf den Heimweg. Sie freute sich über ihr gutes Verhältnis zum Team und war vorsichtig optimistisch im Hinblick auf das Stakeholder-Meeting am nächsten Tag.

Am nächsten Tag wurde ihre gute Stimmung unerwartet von dem offensichtlich aufgebrachten Ted zunichte gemacht. Er erzählte, dass, nachdem er extra den langen Weg auf sich genommen habe, das Team heute Morgen eine E-Mail geschickt habe, um das Meeting zu verschieben, da sie mehr Zeit für die Fertigstellung einiger Features und zum Fixen einiger Bugs benötigten, die sie demonstrieren wollten. Alex wusste, das dies eine Lüge war, denn sie hatte bereits gestern die gesamte Funktionalität gesehen und alles funktionierte. So wie einige der Teammitglieder an diesem Morgen ausgesehen hatten, nahm sie an, dass der wahre Grund für die Absage war, dass sie nach der Party am Vortag einfach nicht fit genug für die Arbeit waren.

Alex entschuldigte sich mehrmals bei Ted und schlug einige andere Dinge vor, die sie zusammen erledigen konnten, sodass Teds Besuch für ihn keine völlige Zeitverschwendung sein würde. Nachdem er weg war, saß Alex verärgert in ihrem Büro und war sich nicht sicher, wie sie damit umgehen sollte. Das Team hatte nicht nur einen bereits beunruhigten Stakeholder noch mehr verärgert, sie hatten auch das Sprint-Ziel in Gefahr gebracht. Das Meeting war dazu gedacht, einige Risiken und Abhängigkeiten zu klären. Diese Gespräche und Informationen mussten nun bis zum nächsten Termin warten.

Das Schlimmste war für Alex jedoch, dass das Verhältnis zwischen ihr und dem Team dadurch Schaden genommen hatte. Wie konnte sie dem Team je wieder vertrauen? Aber was würde es mit ihrem harmonischen Verhältnis zum Team machen, wenn sie ihren Frust zum Ausdruck bringen würde? Vielleicht konnte sie die Lüge des Teams einfach achselzuckend hinnehmen, immerhin hatte Ted sie geglaubt. Aber auch wenn ihr Harmoniebedürfnis eigentlich etwas anderes von ihr verlangte, wusste Alex, dass sie das Verhalten des Teams nicht einfach unter den Teppich kehren konnte. Sie erinnerte sich selbst daran, dass es nicht nur Zeiten gibt, in denen man flexibel und nachgiebig sein muss, wie beispielsweise im zweiten Sprint, in dem das Team das Sprint-Ziel nicht erreichen konnte, sondern auch Zeiten, in denen man bestimmt auftreten muss, wie z.B. wenn das Team das Meeting mit dem Stakeholder absagt, weil sie zu verkatert sind! Alex schlug entschlossen mit der Faust auf den Tisch. „Ja", sagte sie zu sich selbst. Dieses Verhalten war nicht akzeptabel und sollte auf keinen Fall zu einer schlechten und obendrein gefährlichen Gewohnheit werden. Ihre Zweifel verschwanden und sie begann, sich auf ein wichtiges aber sicherlich schwieriges Gespräch vorzubereiten.

Stark durch Flexibilität

Es gibt ein altes afrikanisches Sprichwort, das besagt: „Einem Baum, der nachgibt, kann der Wind nichts anhaben." Auch Alex zeigte ein wenig dieser Flexibilität eines Baumes – nur vielleicht nicht ganz so offensichtlich.

Ganz klar hatte ihre freundliche, empathische und lockere Art Alex geholfen, schnell ein Vertrauensverhältnis zu dem Entwicklungsteam aufzubauen. Die Teammitglieder konnten mit ihr lachen, Witze machen und kamen auch sonst gut mit ihr aus. Durch eben diese Eigenschaften gelang es ihr außerdem, mit der Vorstellung aufzuräumen, dass alle Product Owner im Unternehmen strenge Vorgesetzte seien, die keinerlei Verständnis für die Realität eines Entwicklungsprozesses in einem unsicheren Umfeld haben.

Alex hatte klare Sprint-Ziele gesetzt, war aber flexibel und verständnisvoll gewesen, als das Team diese nicht erfüllen konnte. Zusätzlich war sie noch auf die Stakeholder (wie Ted) zugegangen, um ihnen den Fortschritt des Teams besser verständlich zu machen und Fragen zu klären, die das Team daran hinderten, ihre Arbeit fertigzustellen. Durch all diese Handlungen hatte sich Alex als guter Product Owner bewiesen. Sie war entschlossen, aber nicht stur; zielstrebig, aber nicht bestimmend.

Ihre Anpassungsfähigkeit wurde jedoch am besten unter Beweis gestellt, als ihr Harmoniebedürfnis mit dem Wohle des gesamten Projekts in Konflikt geriet. Sie wusste, dass das Team mit der Absage des Stakeholder-Meetings eine Grenze überschritten hatte. Allerdings machte sie sich Sorgen, dass es ihrem immer noch zerbrechlichen Verhältnis schaden könnte, wenn sie die Teammitglieder zur Rechenschaft zog.

Es wäre für sie wesentlich einfacher gewesen, das Problem einfach unter den Teppich zu kehren und weiterzumachen wie bisher. Aber Alex entschied sich nicht für den einfachen Weg. Es war ihr klar, dass großartige Product Owner stark bleiben müssen, wenn es darum geht, Werte wie Vertrauen und Respekt zu verteidigen. Ironischerweise blieb Alex standhaft, indem sie sogar noch flexibler und anpassungsfähiger wurde – sie änderte ihren eigentlichen Führungsstil, um auf die Situation reagieren zu können. Schauen wir uns an, was es bedeutet, hinter seinen Prinzipien zu stehen, indem man im Hinblick auf seinen Führungsstil flexibel ist.

Wie wichtig ist es Ihnen, von anderen Leuten gemocht zu werden?

Wie beeinflusst dies Ihre Arbeit?

Den Führungsstil dem Kontext anpassen

Gute Product Owner haben einen konsequenten Führungsstil; einen, auf den sich das Team tagtäglich verlassen kann. Großartige Product Owner lernen jedoch auch, ihren bevorzugten Führungsstil an die aktuelle Situation anzupassen. In seinem Buch *Primal Leadership: Unleashing The Power of Emotional Intelligence* erklärt Daniel Goleman, dass es keinen „besten" oder „richtigen" Führungsstil gibt, sondern dass die effektivsten Führungskräfte flexibel sind: sie sind in der Lage, sich an einer Reihe von verschiedenen Führungsstilen zu orientieren und den besten für ihre jeweilige Situation zu wählen. Natürlich hat jeder einen natürlichen bzw. bevorzugten Führungsstil und sich dieser Tatsache bewusst zu sein, ist ein guter erster Schritt.

Abbildung V-1 zeigt die sechs von Goleman definierten Führungsstile: gefühlsorientiert, befehlend, leistungsorientiert, demokratisch, visionär und beratend. Führungskräfte, die einen **gefühlsorientierten** Führungsstil annehmen, konzentrieren sich mehr darauf, eine gute Beziehung zu ihren Teams aufzubauen, die Moral hochzuhalten und Stress zu minimieren. Sie sind gewillt, ein wenig vom Fokus auf Arbeit und Leistung des Teams zu opfern, um Harmonie zu schaffen. Auch wenn die Leistung bei einem gefühlsbetonten Führungsstil vorübergehend leiden kann, zahlt sich die Stärkung des Teamgefühls und der Moral häufig mittel- bis langfristig aus, denn gefühlsorientierte Führungskräfte stellen oft fest, dass ihre Teams hinter ihnen stehen, wenn es darauf ankommt.

Ein **befehlender** Führungsstil ist hingegen häufig in Krisenzeiten angebracht oder wenn schlechte Leistungen adressiert werden müssen. Dieser Führungsstil kann mit dem Satz „Tu, was ich sage" zusammengefasst werden und ist auf die sofortige Ausführung von Anweisungen ausgerichtet.

Der **leistungsorientierte** Führungsstil kann hingegen mit dem Satz „Tu, was ich tue" zusammengefasst werden und beruht auf der Prämisse eines Anführers, der mit gutem Beispiel voran geht. Eine leistungsorientierte Führungskraft setzt sich hohe Leistungsstandards, demonstriert deren Einhaltung und erwartet auch von anderen, diese Standards zu erfüllen.

Teams mit leistungsorientierten Führungskräften erfahren häufig kurzfristige Produktivitätsschübe und es gibt kaum Unklarheiten darüber, was von wem erwartet wird. Wenn ein hochqualifiziertes Team in der Lage ist, die Standards der Führungskraft zu erfüllen, kann mit diesem Führungsstil schnell ein hohes Level an Qualität und Pflichtbewusstsein erlangt werden. Allerdings kann ein leistungsorientierter Führungsstil ebenso diejenigen, die nicht so gut qualifiziert sind oder nicht so viel Selbstvertrauen haben, demotivieren. Tatsächlich wird dies häufig als Grund für Burnout am Arbeitsplatz genannt, da viele Leute Probleme damit haben, das vorgegebene Tempo auch nur für kürzere Zeit zu halten. Auch die Führungskräfte selbst leider häufig unter Stress und Burnout.

Andere Führungsstile sind laut Goleman der **demokratische** Führungsstil, bei dem die Führungskraft Beteiligung und Konsens erreichen möchte, der **visionäre** Führungsstil (manchmal auch *autoritativer* Führungsstil genannt), bei dem die Führungskraft versucht, andere dazu zu bringen, einer Vision zu folgen und gemeinsam diesen Weg zu gehen, und der **beratende** Führungsstil, bei dem die Führungskraft das Potential, das Selbstbewusstsein und die Empathie der einzelnen Personen fördern möchte, selbst wenn es erst einmal eher nachteilige Auswirkungen haben könnte, wenn Leute etwas ausprobieren sollen und dürfen.

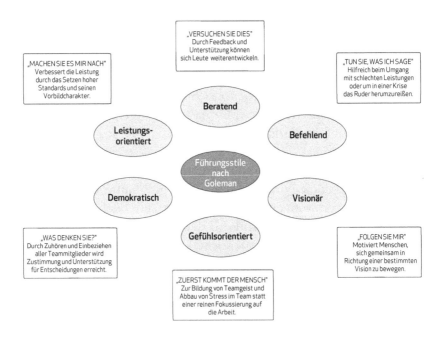

Abb. V-1. Gute Product Owner wissen, was ihr bevorzugter Führungsstil ist.

In der Geschichte legte Alex grundsätzlich einen *gefühlsorientierten* Führungsstil an den Tag. Ihr wurde jedoch bewusst, dass sie vorübergehend einen eher *befehlenden* Führungsstil annehmen musste, um das Team für die Absage des Stakeholder-Meetings zur Verantwortung zu ziehen. Abbildung V-2 zeigt einige Beispiele dafür, wann es für einen Product Owner angebracht sein kann, flexibel zu sein und seinen bevorzugten Führungsstil vorübergehend durch einen anderen zu ersetzen.

Führungsstil	Wann ein Product Owner den Führungsstil anwenden kann
Befehlend	In Krisensituationen oder bei dringenden Entscheidungen; z.B. wenn ein Feature nicht den Qualitätsstandards entspricht.
Gefühlsorientiert	Um Teamgeist im Entwicklungs- oder Product Owner Team aufzubauen und um ein harmonisches Verhältnis mit den Stakeholdern bzw. anderen Dritten aufzubauen.
Visionär	Um Begeisterung und Engagement schon ganz zu Anfang der Produktentwicklungsphase, einer Iteration oder einem Release zu wecken oder um einen neuen Impuls zu geben.
Beratend	Wenn das Team sich in Selbstorganisation übt und noch einige kleinere Fehlentscheidungen trifft. Hilft dem Team, besser mit Verantwortung und proaktivem Verhalten umgehen zu können.
Leistungsorientiert	Wenn kompetente, motivierte und erfahrene Mitarbeiter bzw. Teams über alle nötigen Tools für das Selbstmanagement und die Selbstanalyse verfügen und sich ein Vorbild wünschen, dem sie folgen können.
Demokratisch	Um Engagement und Unterstützung für den Entscheidungsfindungsprozess bzw. die Richtung der Produktentwicklung zu bekommen; besonders wenn es keine eindeutige Antwort gibt.

Abb. V-2. Großartige Product Owner passen Ihren Führungsstil der jeweiligen Situation an.

Welcher Führungsstil ist Ihrer Meinung nach am schwierigsten zu übernehmen?

Was würde es Ihnen leichter machen?

Schwierige Konversationen selbstbewusst angehen

In der Geschichte entschied sich Alex dafür, einen eher befehlenden Führungsstil anzunehmen, was bedeutete, mit dem Team ein schwieriges Gespräch über Vertrauen und Erwartungen zu führen. Solch schwierige Konversationen müssen Beziehungen nicht schaden. Tatsächlich können sie die Kommunikation verbessern und sogar zu einer harmonischeren Beziehung führen. In dem Buch *Crucial Conversations: Tools for Talking when Stakes are High* empfehlen die Autoren Patterson, Grenny, McMillan & Switzler, dass jede Person in einer schwierigen Konversation die eigene Sicht der Dinge schildern sollte (engl.: *to state*):

Share your facts - Die eigenen Fakten mit anderen teilen
Tell your story - Die eigene Geschichte erzählen
Ask for others paths - Nach der Meinung anderer Personen fragen
Talk tentatively - Mit Bedacht sprechen
Encourage testing - Andere bitten, die eigene Meinung zu überprüfen

Als Erstes sollen Fakten zu dem, was geschehen ist, mit anderen Personen geteilt werden. Wenn man eine Konversation mit Fakten beginnt, gibt es eine größere Wahrscheinlichkeit, sich über die objektiven Aspekte der Situation einig zu werden. Es ist unwahrscheinlich, dass man sich über Ereignisse uneinig ist, denn Uneinigkeiten entstehen eher im Hinblick darauf, was bei diesen Ereignissen die Intention war oder wie sie interpretiert wurden. Wenn man sich so früh wie möglich über möglichst viele Dinge einig ist, erhöht das die Chancen, sich auch später auf ein gemeinsames Resultat einigen zu können.

Alex könnte beispielsweise folgende objektive Fakten mit dem Team teilen:

- Das Team hat das Stakeholder-Meeting verschoben.
- Der Stakeholder ist extra für dieses Meeting angereist.
- Der Stakeholder hat seine Enttäuschung Alex gegenüber zum Ausdruck gebracht.

Diese Fakten beinhalten keine konkrete Beurteilung und in diesem Teil des Prozesses ist es besonders wichtig, so wenig wie möglich zu bewerten, um frühzeitige defensive Reaktionen zu vermeiden.

Nachdem die Fakten also genannt wurden, soll jeder seine eigene Version der Geschichte **erzählen**. Wenn man seine Geschichte erzählt, sollte man zwar darauf achten, seine eigenen Anmerkungen und Interpretationen zu nennen, aber dies äußerst vorsichtig zu tun: Man sollte seine Sicht der Dinge immer eher als *Geschichte* statt als Fakten darstellen. Das bedeutet nicht, dass man seine Geschichte nicht mit Überzeugung erzählen darf. Vielmehr bedeutet es, extreme oder provozierende Sprache zu vermeiden. Beispielsweise kann man statt „Es ist offensichtlich, dass…" besser „Ich fange an, mich zu fragen, ob…" sagen. Wenn man darauf achtet, wie man seine Geschichten erzählt, kann man vermeiden, die eigene Meinung als Tatsache darzustellen. Alex sollte dem Team beispielsweise mitteilen, dass sie sich schämte, das Team vor dem Stakeholder zu decken, und dass sie enttäuscht war und das Gefühl hatte, dass ihr Vertrauen missbraucht wurde. Auch wenn die Teammitglieder diese Gefühle eventuell nicht teilen, sollten sie in der Lage sein, zu akzeptieren, dass Alex so fühlte.

Großartige Product Owner sind bescheiden genug, um zu wissen, dass sie nicht alle Fakten kennen und dass es verschiedene Möglichkeiten gibt, ein Vorkommnis zu interpretieren. Nachdem man also seine Geschichte erzählt hat, sollte man die anderen Personen nach deren Sichtweise fragen. Alle Involvierten haben das Recht, ihre Sicht der Dinge zu nennen. Auch wenn dabei die Objektivität nicht zwangsläufig gewährleistet ist, ist es nur fair, allen Beteiligten die Möglichkeit zu geben, zu erzählen, wie sie darüber denken. Dies sollte gefördert und respektiert werden. Aus diesem Grund sollte man die Beteiligten aktiv auffordern, zu erzählen, wie sie die Situation interpretieren und was sie denken und fühlen. Beispielsweise könnte Alex erklären, dass sie glaubt, der wahre Grund für das Verschieben des Termins sei die Tatsache, dass das Team noch verkatert gewesen war. Sie sollte aber auch in Betracht ziehen, dass es eventuell andere Gründe dafür gab. Dann könnte sie das Team bitten, deren Gründe für die Absage des Meetings zu erläutern. Alex könnte auch erwähnen, welche negativen Konsequenzen sie infolgedessen befürchtet, und dann das Team bitten, zu sagen, welche Folgen sie für möglich halten.

Als Letztes sollte man die anderen dazu auffordern, seine eigene Meinung zu prüfen. Das bedeutet, dass sie des Teufels Advokat spielen, Theorien genau überprüfen und zum Überdenken der eigenen Ansichten anregen. Laut den Autoren von *Crucial Conversations* ist „die einzige Einschränkung dafür, wie stark man seine Meinung äußern kann, die eigene Bereitschaft, andere zum Hinterfragen dieser Meinung aufzufordern" (134). Zu fragen „Was habe ich hier nicht ganz verstanden?" oder „Was, wenn ich komplett falsch liege?", erzeugt einen Dialog und eröffnet Perspektiven, die sonst unter Umständen in der Konversationen fehlen würden.

Für jeden Product Owner wird es sicherlich Zeiten geben, in denen es schwierige Gespräche zu führen gilt. Gespräche, die konfliktgeladen sind und Emotionen aufwühlen, die aber für das Wohl des Produkts und einer guten langfristigen Beziehung zum Team geführt werden müssen.

> Welche Konversationen vermeiden Sie am häufigsten?
>
> Was würde Ihnen diese Konversationen erleichtern?

Flexibel standhaft bleiben

Großartige Product Owner legen eine erstaunliche Flexibilität an den Tag. Sie haben gelernt, dass sie eine der Variablen in einer chaotischen und ungewissen Umgebung mehr kontrollieren können als andere: sich selbst. Aus diesem Grund streben sie danach, vorhersehbar zu handeln und verlässlich zu sein sowie gleichzeitig ihre Flexibilität zu erhalten und auszubauen.

Fiona stand auf.
„Stimmt. Das kann relativ einfach korrigiert werden. Aber…"

Voraussicht und Feinabstimmung

Gute Product Owner definieren
eine gemeinsame Vision für das Produkt.
Großartige Product Owner entwickeln
das Produkt empirisch weiter.

In diesem Buch habe ich die Entwicklung von gutem zu großartigem Product Ownership mit Hilfe von leicht abgeänderten Szenarien veranschaulicht, die ich bei meiner Arbeit erlebt habe. Was diesen speziellen Aspekt der Flexibilität angeht, darf ich eine echte Geschichte erzählen, die genau so bei einem Unternehmen namens Made by Many geschah. Diese Geschichte ist ein hervorragendes Beispiel dafür, dass Product Owner sowohl vorausschauend genug sein sollten, um eine weitreichende Vision für das Produkt zu erschaffen, und flexibel genug, um diese Vision anhand von Feedback und Daten weiterzuentwickeln.

Made by Many ist ein britisches Designstudio für digitale Produkte, das laut deren Webseite „seinen Kunden hilft, die Herausforderungen von sich schnell verändernden Märkten und Technologien durch die Erschaffung von extrem erfolgreichen digitalen Produkten und neuen Unternehmungen zu meistern." Eine der Technologien, bei deren Entwicklung man dort mitgewirkt hatte, war ein Produkt für sogenanntes Online Learning, welches transformatives Lernen durch Videotelefonie unterstützt. Fiona, Produktmanager bei Made by Many, erzählte mir von einem Sprint Review, bei dem sie voller Stolz eine neue Funktionalität vorstellen wollte. Allerdings wurde sie nicht nur mit einem sondern direkt mit zwei unerwarteten Herausforderungen in Form von Anfragen für neue Features konfrontiert.

Zuerst ein wenig Hintergrundinformation dazu: Einige Jahre zuvor war dem Product Owner des Kunden (nennen wir sie Alice) zu Ohren gekommen, dass Lehrer anfingen, ihr Produkt auf großartige und innovative Weise zu nutzen. Alice engagierte Made by Many, um ihr dabei zu helfen, eine Webseite zu designen und zu entwickeln. Als sie damit anfingen, Lehrer für das Projekt zu interviewen, wurde schnell klar, dass sich darunter noch eine größere Chance verbarg. Die Lehrer, die mit der Videotelefonie-Software arbeiteten, schienen alle das gleiche Problem zu haben: als Erstanwender, die sie nun mal waren, waren sie über die ganze Welt verteilt und hatten Schwierigkeiten, andere Lehrer zu finden, die diesen Service nutzten. Oder besser gesagt, sie wussten nicht, wen sie anrufen sollten!

Als Reaktion auf dieses Feedback überlegte man sich bei Made by Many gemeinsam mit dem Kunden ein Spiel. Bei diesem Spiel sollten zwei Klassen gegeneinander antreten und nur mit Ja- und Nein-Fragen herausfinden, wo sich die andere Klasse befindet. Bei Made by Many ging man davon aus, dies könne eine amüsante Art und Weise sein, wie sich neue Nutzer mit der Software vertraut machen könnten und wie Lehrer einfacher andere Klassen finden konnten, die ebenso diese Software nutzten.

Fiona von Made by Many und Alice als Vertreter des Kunden übernahmen beim ersten Release gemeinsam die Product Owner Rolle. Sie entwickelten eine Reihe neuer Fragen für die Interviews mit den Erstanwendern und nutzten diese Informationen, um eine Produktvision und eine Product Roadmap zu erstellen. In kürzester Zeit konnten sie bereits Funktionalität entwickeln. Fiona sagte, wie sehr sie sich auf das Sprint Review Meeting freute: „Ich war so aufgeregt, als es an der Zeit war, das neue Spiel im Sprint Review vorzustellen. Ich war mir sicher, dass die Stakeholder es toll finden würden und konnte es kaum abwarten, es unserer Nutzer-Community zur Verfügung zu stellen."

Das Sprint Review verlief scheinbar reibungslos. Ein Mitglied des Entwicklungsteams erklärte kurz die Geschichte und das Konzept hinter dem Spiel und demonstrierte anschließend die Funktionalität, die sie bisher entwickelt hatten. Er vervollständigte seine Demonstration mit dem Feedback einer Lehrerin, mit der sie während des Entwicklungsprozesses zusammengearbeitet hatten. Sie hatte gesagt: „Das ist toll. Dieses neue Feature hat mich dazu inspiriert, Dinge zu tun, an die ich normalerweise in meinem Lehralltag nicht einmal gedacht hätte."

Fiona sah Alice lächelnd an und freute sich darüber, wie gut alles gelaufen war. Sie wollte gerade ihre Freude kundtun, als einer der Stakeholder das Wort ergriff. „Ich hatte in den letzten Wochen ein wenig Zeit, mich etwas mit diesem neuen Spiel zu beschäftigen, und habe ziemlich konkretes Feedback dazu", erklärte er. „Im Großen und Ganzen ist diese Funktionalität wirklich großartig, aber ich habe festgestellt, dass es die Navigation viel komplexer macht. Außerdem lässt es sich nicht mit einer Suchfunktion kombinieren."

„Wo wir schon bei dem Thema sind, mein Team hatte in letzter Zeit übrigens auch Schwierigkeiten mit der Suchfunktion; es ist schwierig für uns, zu finden, wonach wir suchen. Als wir noch nicht so viele verschiedene Klassen und Lehrer hatten, ging es noch einigermaßen, aber jetzt wirkt sich das negativ auf die Qualität des Unterrichts aus, wenn ich etwas suche und nie ein präzises Ergebnis bekomme."

Dieser Stakeholder erklärte dann, wie die Suchfunktionalität verbessert werden sollte. Der Vorschlag war, einige zusätzliche Filter einzubauen, wie etwa Unterrichtsfächer, verschiedene Lehrertypen, Ort, Qualität der Unterrichtseinheit und Alter der Unterrichtseinheit. Fiona und das Team machten sich Notizen, jeodch war sie nicht überzeugt davon, ob dies wirklich die richtigen Features waren, an denen sie als nächstes arbeiten sollten.

Bevor Fiona etwas dazu sagen konnte, meldete sich ein anderes Mitglied des Product Owner Teams zu Wort. Dieses Mal war es ein Repräsentant einer dritten Partei, einer PR-Agentur. Auch er lobte die neue Funktionalität, fügte dann jedoch hinzu: „Wir haben die großartige Gelegenheit dieses Spiel auf der Webseite zu veröffentlichen. Um das möglichst effektiv zu gestalten, sollten wir ein paar neue Features entwickeln, um das Spiel präsentieren zu können und Journalisten die Möglichkeit zu geben, darauf aufmerksam zu werden und unsere Pressepakete herunterzuladen. Auf diese Weise können wir eine umfassende Berichterstattung erzielen."

Fiona wusste, dass dieses Feedback und die daraus resultierenden Wünsche für neue Features berechtigt waren, aber irgendetwas fühlte sich nicht richtig an. Sie liebte die Chance, in Sprint Reviews Feedback einzuholen und das Produkt anhand dieses Feedbacks weiterzuentwickeln. Diese neuen Features schienen aber aus irgendeinem Grund nicht in den Umfang des Spiels zu passen, das sie ursprünglich entwickeln wollten. Sie dachte: „Ja, die neue Funktionalität auf der Homepage wird unter Umständen Journalisten anziehen, aber sind diese Features wirklich Teil des Spiels, das wir entwickeln? Und ja, die Suchfunktion muss überarbeitet werden, aber einfach weitere Filter hinzuzufügen, ist vielleicht nicht die beste Lösung."

Während Fiona nachdachte, sagte Alice: „Diese Dinge scheinen relativ einfach umgesetzt werden zu können. Ich bin sicher, dass wir sie im nächsten Sprint fertigstellen können."

Fiona stand auf. „Das denke ich auch. Das ist keine große Arbeit. Aber zuerst möchte ich noch einmal die Produktvision für dieses Spiel überprüfen. Einen kleinen Moment bitte."

Fiona wühlte in ihren Unterlagen und fand die ursprüngliche Vision, die sie auf den Screen projizierte:

„Lehrern, die die Videotelefonie-Software in ihrem Unterricht nutzen, dabei helfen, sich gegenseitig zu finden."

Fiona sah sich um und bemerkte, dass nicht mehr viele von den ursprünglichen Stakeholdern des Projektteams übrig waren. Zu Beginn des Projekts hatten Fiona und Alice für die Erstellung eines Ziels für das Produkt einige Lehrer interviewt und bei der Arbeit beobachtet. Aus der Sicht der neuen Stakeholder konnte sie allerdings erkennen, dass ihnen diese Vision eventuell nicht umfangreich genug erschien. Es war auch schon eine Weile her, seit sie das letzte Mal die gesamte Nutzererfahrung der Videotelefonie-Software im Unterricht näher betrachtet hatten. Ihr war bewusst, dass es für neue Stakeholder schwierig sein konnte, gute Lösungsvorschläge zu machen, wenn sie die Motivation und die Bedürfnisse der Lehrer nicht kannten, für die das Produkt entwickelt werden sollte.

„Ich glaube es wäre eine gute Idee, zu prüfen, wohin sich das Produkt gerade entwickelt und wo wir es haben wollen", sagte Fiona und zeigte auf die ursprüngliche Vision.

„Ich glaube, wir sind uns alle einig, dass diese Version des Spiels die ursprüngliche Vision erfüllt: Lehrern dabei zu helfen, sich gegenseitig zu finden. Jedoch haben wir verschiedene Optionen, wo wir das Produkt in Zukunft hinführen möchten. Dieses Projekt begann aus der wirklich einfachen Idee heraus, Lehrer, die diese Software nutzen möchten, miteinander zu verbinden, aber darüber sind wir schon längst hinaus."

Fiona erklärte weiter, dass der Erfolg des Spiels zum Teil von einer klaren, einfachen Vision und rigoroser Priorisierung abhing. Die Entscheidungen, die sie getroffen hatten, basierten auf Gesprächen mit echten Nutzern. Dadurch waren sie in der Lage, sich schnell auf die Entwicklung eines Minimum Viable Products zu konzentrieren.

„Ich glaube, so sollten wir jetzt auch wieder vorgehen. Auch wenn das Feedback heute sehr hilfreich war, glaube ich, dass wir herausfinden sollten, was die *Nutzer* als Nächstes haben wollen, statt Annahmen zu machen und zu überlegen, was wir gerne sehen würden."

„Verstehen Sie mich bitte nicht falsch: Die Änderungen der Suchfunktion können eine gute Investition sein, genauso wie die Änderungen auf der Homepage. Allerdings würde ich es bevorzugen, erst die Lehrer nach ihrer Meinung zu fragen und dann zu entscheiden, was wir als Nächstes tun", fügte Fiona hinzu.

Fiona bat die Stakeholder anschließend, sich darauf einzulassen, einen Sprint lang Nachforschungen anzustellen, damit sie Daten sammeln konnten, um bestimmen zu können, wie sie die Suchfunktionalität verbessern, das neue Spiel besser promoten und herausfinden könnten, welche Erfahrungen die Lehrer genau bei der Nutzung des Produkts gemacht haben. Sie erklärte, dass die ursprüngliche Vision und die Product Roadmap auf ein paar wenigen Pionieren unter den Lehrern basierte, die sich mit der Technologie bereits zurechtfanden. Um jedoch das Ziel des Kunden zu erfüllen, eine größere Anzahl an Klassen und Lehrern erreichen zu können, mussten sie sich überlegen, wie sie einem neuen Nutzer den Start mit der Software erleichtern könnten.

Sie erläuterte, wie sie sowohl Lehrer interviewen wollten, die den Service bereits nutzen, als auch solche, die noch nie davon gehört hatten. Sie schlug außerdem vor, dass das Team die restliche Zeit in diesem Sprint nutzen könne, um an einigen Features aus dem Backlog zu arbeiten, die sehr wichtig waren.

Die Stakeholder stimmten zu. Im nächsten Sprint Review zeigte Fiona zusätzliche Features, die das Team entwickelt hatte, und präsentierte die Ergebnisse ihrer Nachforschungen. Anschließend erarbeitete sie mit der neuen Gruppe von Stakeholdern aus der Vision folgendes Elevator Statement:

Für Lehrer mit wenig Zeit und Möglichkeiten,

die ihren Schülern neue, transformative Lernerfahrungen bieten möchten,

ist unser Produkt ein Tool für die Zusammenarbeit,

das unabhängig von den technischen Fähigkeiten des Lehrers außergewöhnliche Lernerfahrung bietet.

Ohne Gastredner einladen zu müssen oder teure Ausflüge zu machen,

kann jeder Lehrer das Tool unabhängig von Budget oder geographischen Einschränkungen nutzen.

Nach einer kurzen Diskussion bekam das Team das Go, um die folgende Hypothese zu prüfen:

Die Navigation zu vereinfachen und es Lehrern möglich zu machen, direkt eine Suche zu starten, wird die Anzahl der Lehrer erhöhen, die an den Unterrichtseinheiten mit unserem Service teilnehmen.

Dies war eine Hypothese, die Fiona künftig stetig überprüfen konnte. Im Laufe der nächsten Sprints zeigten die Statistiken, wie erfolgreich sie bei der Auswahl der neuen Features gewesen waren:

- 62 % Steigerung der teilnehmenden Personen; ein Indikator dafür, dass die Lehrer wirklich etwas Inspirierendes gefunden hatten, das sie in ihren Klassen ausprobieren wollten.
- 71,56 % Steigerung der besuchten Seiten während einer Sitzung.
- 61,4 % Steigerung der Verweildauer.
- 5 % Rückgang der Absprungrate.

Welche Hypothese würden Sie gerne überprüfen?

Wie könnten Sie das messen?

Kursänderungen vorsichtig angehen

Sprint Reviews geben Product Ownern die Gelegenheit, ihre Flexibilität zu üben und ihre Bereitschaft, einen Kurswechsel vorzunehmen, zu demonstrieren. Bei jedem Sprint Review kann sich die Zukunft des Produkts aufgrund des Feedbacks der Stakeholder stark ändern. Sprint Reviews bieten Product Ownern aber auch die Gelegenheit, standhaft zu bleiben, wenn das Feedback nicht zur Produktvision passt.

Gute Product Owner haben den Mut, sich nicht beirren zu lassen, wenn sie im tiefsten Inneren wissen bzw. es durch Nachforschungen bewiesen haben, dass etwas auf eine ganz bestimmte Weise gemacht werden sollte. Großartige Product Owner sind auch flexibel (und bescheiden) genug, etwas loszulassen, das sie einst für richtig hielten, und ihre Meinung zu ändern, um sich den guten Ratschlägen der Stakeholder und den empirischen Daten zu beugen.

In der Geschichte erhielt Fiona zwei Verbesserungsvorschläge, wovon der eine mehr und der andere weniger zur ursprünglichen Produktvision passte. Es wäre leicht gewesen, nachzugeben, einfach zu tun, was die Stakeholder forderten, und weiterzumachen. Stattdessen nutzte sie jedoch das Feedback für ein Gespräch über die Produktvision sowie als Möglichkeit, herauszufinden, was die Erfahrungen der Lehrer waren, um so die Entscheidung treffen zu können, wie man den Fokus des Produkts neu ausrichten kann.

 Neigen Sie dazu, zu viel Feedback anzunehmen oder es zu schnell zurückzuweisen?

Gut zuhören

„Wir sehen die Welt nicht, wie sie ist; wir sehen sie, wie wir sind."
Anaïs Nin

Wie wir im Kapitel „Informed" gelernt haben, haben Menschen viele Filter und vorgefasste Meinungen, die alles, was sie sehen und hören, beeinflussen. Viel zu häufig sehen wir nur das, was wir erwarten, zu sehen. Großartige Product Owner haben daher gelernt, bewusst diese toten Winkel zu vermeiden, indem sie sich ihre eigenen Filter bewusst machen und sich selbst darauf trainieren, über diese Filter hinwegzublicken, um wertvolles Feedback annehmen zu können – auch wenn es nicht das ist, was sie eigentlich hören wollten. Wie Fiona sollte man aber auch das Feedback aussortieren, das nicht hilfreich ist, beispielsweise wenn es falsch ist oder durch Hintergedanken entsteht.

Zuhören ist eine Fähigkeit zum Sammeln von Daten, die man sich aneignen kann. Großartige Product Owner arbeiten daher unermüdlich daran, ihre Kompetenzen auf diesem Gebiet zu verbessern. In seinem Buch schreibt Stephen Covey, dass „die meisten Menschen nicht zuhören, um zu verstehen, sondern um etwas wiedergeben zu können" (239). Versuchen Sie, einmal darauf zu achten, wann Sie einfach nur abwarten, dass Ihr Gegenüber aufhört zu sprechen, um selbst etwas sagen zu können. Wenn das passiert, versuchen Sie, sich zu stoppen, Ihren Gedanken loszulassen und einfach nur zuzuhören, was Ihr Gegenüber zu sagen hat.

Dann gehen Sie noch einen Schritt weiter und versuchen, zu hören, was *nicht gesagt wird*. Daraufhin bitten Sie die jeweilige Person, ausführlicher zu beschreiben, was sie sagen möchte. Bemühen Sie sich, zu verstehen, was hinter den Worten steckt, was die Person fühlt und antreibt. Versuchen Sie, sich in die Person hineinzuversetzen und Empathie zu entwickeln. Diese Art des Zuhörens zu üben, hilft nicht nur dabei, besser Informationen sammeln zu können sondern auch das Verhältnis zu Kollegen und Stakeholdern zu verbessern. Menschen wissen es zu schätzen, gehört zu werden; es ist das einfachste und billigste Geschenk, das man jemandem machen kann. Und gleichzeitig werden Sie selbst noch viel dazulernen. Fiona war der beste Beweis dafür, dass das Sprint Review Meeting eine wundervolle Möglichkeit für den Product Owner ist, dazuzulernen... wenn er bereit ist, zuzuhören.

Daten als Wegweiser

Schauen wir uns ein wenig genauer an, wie Fiona im Sprint Review vorging. Als Erstes überlegte Fiona, wer ihre Stakeholder waren und wie deren Verhältnis zu den Nutzern war. Einer der Stakeholder hatte noch mit keinem der Lehrer gesprochen und hatte vielleicht deren Bedürfnisse nicht verstanden. Ein weiterer repräsentierte einen ganz anderen Nutzer - eine zweitrangige oder gar negative Persona für die ursprüngliche Produktvision (mehr Informationen zu Personas finden Sie im Kapitel „Empowering"). Wenn Product Owner Feedback von den Stakeholdern einholen, sollten sie dabei immer deren Hintergrund und Wissen im Hinterkopf behalten und es entsprechend einkalkulieren. (Siehe auch Einflussmatrix im Kapitel „Decisive").

Als Nächstes versuchte Fiona, erneut ein gemeinsames Verständnis für das Ziel des Projekts unter den Stakeholdern zu erzeugen, von denen viele erst nach der Erstellung der Vision zum Projekt hinzugekommen waren. Dann erklärte sie, wie und warum sie Informationen einholen wollte – nämlich um entscheiden zu können, wie die Produktvision zukünftig aussehen sollte. Die Produktvision ist nichts, was man einmal erstellt und dann für immer so belässt. Wie bei vielen Dingen in agilen Projekten entwickelt sie sich mit der Zeit aufgrund von empirischem Feedback während der Produktentwicklung immer weiter.

Wie viele großartige Product Owner demonstrierte Fiona die Flexibilität, das Produkt weiterzuentwickeln, sowie die Entschlossenheit, Informationen und Produktvision über Emotionen und Gefühle zu stellen.

Konstruktives Feedback einholen

Es gibt einen guten Grund, warum das Sprint Review nicht Sprint Demo heißt. Sprint Reviews sind nicht als einseitiges Mittel zur Berichterstattung für fertiggestellte Features gedacht. Stattdessen sind sie eine gemeinschaftliche, greifbare und nützliche Gelegenheit, um zu sehen, was geliefert wurde und wie dies das Produkt in Zukunft beeinflussen wird.

Um das Sprint Review so nützlich wie möglich zu gestalten, stellen großartige Product Owner den Anwesenden bedeutsame und wirkungsvolle Fragen. Sie könnten die anwesenden Stakeholder beispielsweise bitten, einen *Net Promoter Score* anzugeben oder das *Perfection Game* zu spielen.

Um den Net Promoter Score – ein Konzept von Bain & Company – zu erhalten, bewerten die Stakeholder die demonstrierte Funktionalität auf einer Skala von 0 - 10 im Hinblick darauf, wie wahrscheinlich sie das Produkt Freunden oder Familienmitgliedern weiterempfehlen würden. Darauf folgt dann eine kurze Erklärung zur Bewertung.

Das sogenannte Perfection Game, von dem ich zum ersten Mal auf der Webseite der McCarthy Show las, ist eine ähnliche Methode, bei der die Stakeholder aufgefordert werden, auf einer Skala von 1 - 10 zu bewerten, was sie gesehen haben. Der Unterschied ist jedoch, dass die Stakeholder sich dabei danach richten, welchen zusätzlichen Wert sie glauben, durch ihr Feedback beitragen zu können. Wenn sie glauben, nichts mehr verbessern zu können, geben sie eine 10. Eine der Regeln des Perfection Game ist, dass Feedback nur positiv formuliert werden soll. Das bedeutet, dass die Leute beschreiben sollen, was sie aktuell gut finden und wie man es perfekt machen könnte.

Wenn nötig, den Kurs wechseln

Veränderung ist schwer. Auch wenn ein Product Owner genau weiß, dass agile Projekte nun mal Veränderung bedeuten, kann es doch schwierig sein, gegen die natürliche Tendenz von Stolz und Perfektionismus anzukämpfen und eine Idee oder bestehende Meinungen loszulassen. Ebenso kann es natürlich schwierig sein, gegen den Wunsch anzukämpfen, es immer allen recht machen zu wollen, und zu einer Gruppe Stakeholder auch mal „Nein" zu sagen – vor allem wenn die Stakeholder gleichzeitig die Kunden sind.

Das Gute daran, flexibel zu bleiben, ist für großartige Product Owner nicht nur, dass sie sich aufgrund von Feedback und neuen Informationen auf neue Ideen einlassen können, um alternative Lösungen zu finden, sondern auch, dass sie selbst in den schwierigsten Situationen effektiv führen können.

DRIVEN

Empowering

*„Anführer werden nicht aufgrund ihrer eigenen Macht groß,
sondern weil sie die Fähigkeit besitzen,
andere zu ermächtigen."*
John Maxwell

Einer der Schlüssel zu erfolgreichem agilen Produktmanagement ist, das tendenziell schwierige Gleichgewicht zwischen Zusammenarbeit und Autonomie, das ein agiles Umfeld erfordert, zu verstehen und zu meistern. Der erste Schritt dabei ist, eines der *Prinzipien des Agilen Manifests* umzusetzen, welches lautet: *„Fachexperten und Entwickler müssen während des Projektes täglich zusammenarbeiten".* Aber was genau heißt das eigentlich - täglich zusammenarbeiten? Wird von Product Ownern erwartet, jederzeit bei ihrem Team zu bleiben, nur damit sie da sind, falls sie gebraucht werden?

Nein. Tatsache ist, dass ein Tag gar nicht genug Stunden hat, um in jedem Moment neben dem Entwicklungsteam zu sitzen. Außerdem ist es nicht nur wahrscheinlich, dass ein Projekt scheitert, wenn man zu wenig Zeit mit dem Team verbringt, sondern auch, wenn man *zu viel Zeit* mit dem Team verbringt. Lediglich die Gründe für das Scheitern werden andere sein. Aus diesem Grund arbeiten großartige Product Owner sehr eng mit anderen Stakeholdern zusammen, erforschen den Markt, planen ihre Releases, tragen Anforderungen zusammen und werten Feedback aus; und das alles ohne das Entwicklungsteam zu vernachlässigen.

Wie? Indem sie den Entwicklungsteams mehr Autonomie geben.

Die nächsten beiden Geschichten verdeutlichen, wie großartige Product Owner agile Methoden und Artefakte nutzen können, um Autonomie zu fördern und gleichzeitig am Ende jeder Iteration zu reflektieren, damit sie die richtige Mischung aus Zusammenarbeit und Autonomie finden können.

Bereits nach einem kurzen Blick machte sich bei Lawrence Ernüchterung breit.

Führen und inspirieren

Gute Product Owner führen das Team von vorne.
Großartige Product Owner führen das Team
von innen heraus.

"Ping"

Eine weitere E-Mail für Lawrence landete gerade in seinem Postfach als auch schon sein Handy piepste, weil er noch eine Nachricht erhalten hatte. Nach einem flüchtigen Blick war er schon leicht genervt. Sowohl die E-Mail als auch die SMS waren von Mitgliedern des Entwicklungsteams und beide wollten seine Meinung zu verschiedenen Designänderungen hören, die das Team durchgeführt hatte.

Lawrence wusste, dass das in einem agilen Team so sein sollte. Er hatte sogar dabei geholfen, die Poster für die *permanente Zusammenarbeit mit Kunden* zu entwerfen, die überall im Büro hingen. Aber mit diesen Unterbrechungen alle fünf Minuten hatte er nie Zeit, sich auf etwas anderes zu konzentrieren. Und obwohl es gute Fragen waren, hatte er sich angewöhnt, sich in kleinen Meetingräumen zu verstecken und sich nach Kundenbesuchen noch ein paar zusätzliche Tage außerhalb des Büros zu gönnen, damit er für das Team nicht greifbar war.

In Zeiten wie diesen zwang er sich dazu, sich an die schlechten alten Zeiten zu erinnern. Zeiten, in denen es nur sporadisch und unregelmäßig Meetings mit dem Entwicklungsteam gab. Zeiten, in denen das Team monatelang im Dunkeln tappte, nur um etwas zu entwickeln, was völlig an dem vorbeiging, was eigentlich gebraucht wurde. Lawrence konnte sich daran erinnern, dass er Teams beschuldigt hatte, Zeit zu verschwenden, wenn sie sich mit den aktuellsten Technologien auseinandersetzten oder erfinderisch wurden, um sich die Entwicklung zu erleichtern. Er konnte sich auch daran erinnern, dass die Teams ihn beschuldigt hatten, die falschen Anforderungen geschrieben oder unklare bzw. falsche Spezifikationen gemacht zu haben.

So ermüdend es auch war, die Tatsache, dass das Team regelmäßig auf ihn zukam, war eine große Verbesserung. Und die Tatsache, dass er und das Team alle paar Wochen konkretes Feedback der Stakeholder einholen konnten, hatte die Qualität ihrer Produkte immens verbessert.

Doch als drei weitere E-Mails eintrudelten, war ihm klar, dass er nicht länger mit dieser Geschwindigkeit arbeiten konnte. Es war einfach nicht nachhaltig. Er war sich ziemlich sicher, dass zu nachhaltiger Geschwindigkeit etwas im Agilen Manifest geschrieben stand.

Er nahm den Telefonhörer und rief Vicky an, die der ScrumMaster des Teams war. Nachdem sie dem frustrierten Lawrence zugehört hatte, schlug sie vor, in der bevorstehenden Retrospektive darüber zu sprechen.

In dieser Retrospektive stellte Lawrence sicher, dass das Team wusste, wie glücklich er damit war, welche tollen Effekte durch ihre verbesserte Zusammenarbeit bereits entstanden waren: Die Qualität des Produkts war besser geworden und die Tatsache, dass das Team ihm Fragen stellte, zeigte deutlich, dass sie wirklich das Richtige entwickeln wollten, worüber er sehr dankbar war.

Dann erklärte er, dass er überlastet sei und glaube, einer der Gründe dafür sei, dass sie ihm zu viele Zwischenfragen stellten.

Er fragte, ob es Situationen gäbe, in denen die Teammitglieder selbst Entscheidungen treffen könnten und ob sie nicht sogar in manchen Fällen eine bessere Entscheidung treffen könnten als er.

Vicky moderierte eine offene Diskussionsrunde, in der die Teammitglieder zugaben, dass sie Angst davor hatten, mit einer falschen Entscheidung Lawrence zu enttäuschen oder Zeit zu verschwenden. Sie erklärten zudem, dass sie sich nicht sicher waren, wann sie Lawrence um Rat bitten sollten und wann sie selbst etwas entscheiden konnten. Sie benötigten also Hilfe dabei, festzulegen, wo die Grenze sein sollte.

„Ich kann all eure Sorgen verstehen", gab Lawrence zu. „Besonders im Hinblick auf die Vergangenheit, in der ich euch ein schlechtes Gefühl gab, wenn ihr etwas entwickelt hattet, das ich nicht erwartet hatte. Wie kann ich euch also dabei unterstützen, euch mit eigenen Entscheidungen wohler zu fühlen?", fragte er.

Vicky schlug vor, sich in mehrere Teams aufzuteilen und über Experimente nachzudenken, wie man die Zuständigkeiten klar definieren könne. Nach einiger Zeit kam das Team wieder zusammen, um die verschiedenen Optionen zu besprechen. Am Ende einigten sich Lawrence und die Teammitglieder auf zwei Optionen, die sie ausprobieren wollten.

Erstens erklärte Lawrence sich bereit, jeden Tag am Daily Scrum teilzunehmen (das 15-minütige Meeting jeden Morgen, bei dem das Team plant, was an diesem Tag erledigt werden soll). Dort könnten die Teammitglieder dann sämtliche Fragen stellen, die noch geklärt werden müssten. Unter Anbetracht der limitierten Zeit dieses Meetings war sich das Team bewusst, dass sie ihre Fragen priorisieren mussten. Dennoch hatten sie das Gefühl, dass das ausreichen würde, um die meisten davon schnell und einfach klären zu können. Vicky machte zudem den Vorschlag, längere Diskussionen, Nachforschungen oder komplexe Antworten persönlich direkt im Anschluss an das Meeting zu klären, um die Timebox nicht zu sprengen.

Zweitens bat das Entwicklungsteam Lawrence, mit Hilfe eines Ampelsystems einige Standardbeispiele für die Aufteilung der Zuständigkeiten zu sammeln. Außerhalb des Daily Scrums sollte Lawrence nun immer, wenn eines der Teammitglieder eine Frage hatte, mit einer der drei Ampelfarben antworten:

Rot: Es muss genau so gemacht werden.

Orange: Es sollte in etwa so sein. Hier sind meine Einschränkungen. Löst es so gut ihr könnt.

Grün: Eure Entscheidung.

Als ScrumMaster dokumentierte Vicky alles und versuchte, einige Daumenregeln aufzustellen, um sie in der nächsten Retrospektive zu besprechen.

Sowohl Lawrence als auch der Rest des Teams waren der Ansicht, dass diese beiden Veränderungen ein guter Anfang sein würden, um die Zusammenarbeit wieder auf ein gesundes Maß zu reduzieren.

Die richtige Balance finden

„Unser Product Owner ist nie da. Wenn wir mehr Zeit mit ihm hätten, wäre alles gut."

Wie ich im Verlauf dieses Buches bereits erwähnt habe, ist die Verfügbarkeit des Product Owners wahrscheinlich die häufigste Beschwerde von agilen Teams. Das ist nicht weiter verwunderlich, da die Rolle des Product Owners äußerst anspruchsvoll ist. Allerdings sagt mir meine Erfahrung, dass Product Owner nicht so permanent verfügbar sein sollten, wie es die meisten Entwicklungsteams gerne hätten.

Das *Prinzip des Agilen Manifests* besagt: „Fachexperten und Entwickler müssen während des Projekts täglich zusammenarbeiten." Das Ziel dieses Prinzips ist es, die Zusammenarbeit zu fördern, früher Feedback zu bekommen und Beziehungen aufzubauen. Wenn Product Owner jedoch jeden Tag nur mit dem Entwicklungsteam verbringen würden, würden sie einen anderen Teil ihrer Rolle vernachlässigen: mit den Stakeholdern außerhalb des Teams zusammenzuarbeiten, um festzulegen, was als Nächstes geschehen soll, sowie Feedback einzuholen, zukünftige Deployments vorzubereiten usw.

Glauben Sie, dass Sie eher Gefahr laufen, zu viel oder zu wenig Zeit mit Ihrem Entwicklungsteam zu verbringen?

Was würde das Team sagen?

Zu wenig Zeit mit dem Team zu verbringen, wird unweigerlich dazu führen, dass das Team sich mit Ungewissheit herumschlagen muss oder Annahmen machen wird, die sich als falsch herausstellen. Aber auch zu viel Zeit mit dem Team zu verbringen, kann die Unabhängigkeit und die Kreativität unterdrücken, denn es wird ihnen zu leicht gemacht, nach einer Antwort zu fragen, was wiederum bedeutet, dass im Projekt das Potenzial für proaktive Innovationen nicht voll ausgeschöpft wird.

Das richtige Maß für die Zusammenarbeit zu finden, kann etwas dauern. Für die meisten Product Owner ist es ein ganz neues Konzept, so eng mit dem Entwicklungsteam zusammenzuarbeiten, weshalb sie sich dafür bewusst Zeit außerhalb ihrer anderen Aktivitäten nehmen müssen. Meist schreien Entwicklungsteams anfangs nach mehr Zeit mit ihren viel beschäftigten Product Ownern, um deren Aufmerksamkeit die verschiedensten Parteien ringen. Sobald die Product Owner dann die Vorteile der engen Zusammenarbeit mit dem Team erkennen, tendieren sie dazu, zu viel Zeit mit dem Entwicklungsteam zu verbringen, sodass die anderen Stakeholder nun nur umso lauter nach der Aufmerksamkeit und Zeit des Product Owners schreien.

Auf diese Weise schwingt die Zusammenarbeit zwischen Product Owner und Entwicklungsteam wie ein Pendel hin und her; von zu wenig nach zu viel, bis es sich schließlich irgendwann ungefähr in der Mitte einpendelt. Um ein gutes Mittelmaß finden zu können, scheinen sie eine Trial-and-Error-Phase durchlaufen zu müssen.

Die eigenen Ängste überwinden

Nur wenige Product Owner (oder gar Manager) geben es zu, aber eine der größten Hürden dabei, Teams mehr Entscheidungsfreiheit zu geben, ist die Angst davor, loszulassen. Vor vielen Jahren arbeitete ich beispielsweise mit einem neuen Kunden zusammen und wir sprachen über das Prinzip, den Teams zu vertrauen. Einer der Manager sagte: „Siehst du Geoff, das ist das Problem. Menschen sind faul und faulen Menschen kann man bei wichtigen Entscheidungen nicht vertrauen. Wenn man Menschen autonom arbeiten lässt, werden sie nur das Notwendigste erledigen. Menschen müssen gemanagt werden."

Ich muss zugeben, dass ich von dieser Grundhaltung etwas geschockt und beunruhigt war. Ich war da nicht seiner Ansicht, aber ich war mir sicher, dass er sich ebenso sicher war, dass seine Meinung korrekt war. Während ich überlegte, wie ich darauf reagieren würde, unterbrach einer seiner Kollegen die unangenehme Stille.

„Das ist interessant", sagte er. „Ich habe diese Erfahrung noch nicht gemacht. Stellst du einfach nur die falschen Leute ein, oder was?"

Er erntete ein paar Lacher, aber danach entfachte eine ernste Debatte darüber, ob die meisten Leute, die für diesen Manager arbeiteten – und Leute im Allgemeinen – grundsätzlich faul und nicht vertrauenswürdig waren oder ob Menschen, die faul erschienen, einfach nur auf ihre Umgebung reagierten. Am Ende einigte man sich darauf, dass, auch wenn es natürlich einige Menschen gibt, die nicht vertrauenswürdig sind, der Großteil der Menschen vertrauenswürdig ist, solange sie nicht in einem Umfeld sind, in dem ihnen der Stempel der Faulheit aufgedrückt wird. Dies führte zu einer etwas konkreteren Diskussion über wechselseitigen Zynismus zwischen Product Owner und Entwicklungsteam.

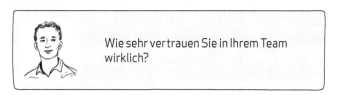

Wie sehr vertrauen Sie in Ihrem Team wirklich?

Entwicklungsteams starten häufig mit Stereotypen: Kunden, die ständig ihre Meinung ändern, oder Nutzer, die nicht wissen, was sie wollen. Die Product Owner gehen anfangs erst einmal davon aus, dass Entwickler alle heiß darauf sind, mit neuen Technologien herumzuspielen, statt etwas Sinnvolles zu entwickeln. Wir alle starten erst einmal mit falschen Vorstellungen und Befürchtungen. Doch um noch einmal den ehemaligen amerikanischen Politiker Henry Stimson zu zitieren: „Der einzige Weg, einen Mann vertrauenswürdig zu machen, ist ihm zu vertrauen." Also müssen wir Vertrauen haben.

Ich stimme zu, dass man riskiert, enttäuscht und ausgenutzt zu werden, wenn man jemandem vertraut, aber meiner Meinung nach ist das immer noch besser als die Alternative: Transaktionsbeziehungen, die auf Zynismus beruhen. Ich bin mir sicher, dass es viele Unternehmen mit solch einer Kultur gibt, und viele davon sind vielleicht sogar erfolgreich. Allerdings sind es keine Orte, an denen ich gerne arbeiten würde. Die guten Nachrichten sind, dass die Entwicklung hin zu solch einer idealen Balance zwischen Zusammenarbeit und Autonomie ein Trial-and-Error-Prozess ist. Anders ausgedrückt müssen Sie nicht direkt das volle Vertrauen in die Entscheidungskompetenzen des Teams haben. Sie müssen nur so viel Vertrauen haben, um ein kleines Bisschen loszulassen und dem Team erst einmal eine kleine Entscheidung zuzutrauen. Wenn dann das Verhältnis zum Team dann langsam besser wird, kann man sich in Sachen Autonomie des Teams Stück für Stück vortasten. Ja, irgendwann gehen Sie vielleicht etwas zu weit und geben eine Entscheidung ab, die Sie besser selbst getroffen hätten. Aber das ist okay. Es ist nur eine Entscheidung, und die kann rückgängig gemacht werden. Das ist das Gute an der iterativen Entwicklung. Man entwickelt etwas, reflektiert und überarbeitet es anhand dessen, was man daraus gelernt hat. Das gilt nicht nur für das Produkt sondern ebenso für die Beziehung zum Team.

Mit dem Team arbeiten

Wo wir gerade bei Beziehungen sind: eine interessante Sache, die es sich lohnt zu beobachten, ist, wie Sie und das Entwicklungsteam Ihre Beziehung sehen. Ist es eine Kunden-Dienstleister-Beziehung? Oder eine Partnerschaft? Beide haben ihre Vor- und Nachteile, jedoch arbeiten die besten Product Owner im Allgemeinen eher auf eine Partnerschaft mit dem Team hin.

Der Grund dafür ist folgender: Teams, für die Sie eher ein Kunde als ein Partner sind, fühlen sich vielleicht nicht wohl mit Transparenz und zögern daher, bevor sie Vorschläge machen oder Fragen stellen. Sie neigen unter Umständen auch dazu, zu sehr an Förmlichkeiten festzuhalten, und wollen vermeiden, zu viele Risiken einzugehen. Wenn die Teammitglieder sich in einem Vertragsverhältnis sehen, tendieren sie dazu, „ihre Position" zu verteidigen, um sich sicher zu fühlen, falls irgendetwas schief laufen sollte.

Achten Sie auf subtile Hinweise bei der Sprache der Teammitglieder, die darauf hinweisen, dass sie Sie eher als Kunde statt als Kollege ansehen.

Wenn das Team das Wort „wir" benutzt, sind Sie dann einbezogen oder gehören Sie nicht zu diesem Kollektiv?

Sprechen die Teammitglieder davon, Dinge für Sie oder mit Ihnen zu entwickeln?

Großartige Product Owner arbeiten unermüdlich daran, eine positive und von gegenseitigem Respekt geprägte Beziehung zu ihren Teams aufzubauen. Wenn eine echte Partnerschaft zwischen Product Owner und dem Team entsteht, muss weniger Energie in die Erhaltung dieser Beziehung gesteckt werden. Stattdessen kann man all seine Energie auf das Produkt richten.

Leistungsängste lindern

Ein psychologischer Faktor, der dieser Art von Partnerschaft im Wege stehen kann, sind Leistungsängste. Die Mitglieder eines Entwicklungsteams können aus vielen Gründen darunter leiden. Einige davon sind Mangel an Erfahrung, Angst vor negativen Folgen, kulturelle Erwartungshaltung (z.B. dass man ältere Menschen nicht in Frage stellen darf oder dass der Kunde immer recht hat) oder einfach nur die Tatsache, introvertiert zu sein.

Menschen, die unter Leistungsangst leiden, meiden oft Konversationen oder reduzieren deren Ausmaß (Anruf statt eines persönlichen Gesprächs, E-Mails statt eines Anrufes). Sie halten sich dann unter Umständen so lange damit zurück, nach Feedback zu fragen, bis es zu spät ist. Auch bitten sie oft nicht um Hilfe oder beteiligen sich nicht an gemeinsamen Meetings wie dem Daily Scrum oder den Retrospektiven. All diese Verdrängungstaktiken beeinflussen, wie effektiv das Team ist, und somit auch die Qualität und Liefergeschwindigkeit.

Die Förderung psychologischer Sicherheit durch Empathie und Verständnis ist eine der besten Optionen, um anderen Leuten dabei zu helfen, ihre Leistungsangst Ihnen gegenüber zu überwinden. Als das Team in unserer Geschichte so mutig war und einige der Gründe nannte, weshalb sie sich mit eigenen Entscheidungen so schwer taten, antwortete Lawrence „Ich kann all diese Sorgen nachvollziehen... Besonders im Hinblick auf die Vergangenheit, in der ich euch ein schlechtes Gefühl gab, wenn ihr etwas entwickelt hattet, das ich nicht erwartet hatte. Wie kann ich euch also dabei unterstützen, euch mit eigenen Entscheidungen wohler zu fühlen?"

Eine weitere exzellente Möglichkeit, Leistungsangst abzubauen, ist, als Vorbild für die Verhaltensweisen zu fungieren, die man auch bei anderen gerne sehen würde. Wenn man möchte, dass andere sich verwundbar zeigen, muss man sich erst selbst verwundbar machen. Das Gleiche gilt, wenn die Teammitglieder sich tatsächlich überwinden und verwundbar machen, indem sie einem etwas sagen, von dem sie fürchten, dass man es nicht hören möchte. Auch dann sollte man immer so reagieren, dass sie nicht demotiviert werden, dies in Zukunft wieder zu tun. Man sollte ihnen stattdessen für ihre Ehrlichkeit und ihren Mut danken und erklären, wie nützlich diese Informationen für einen sind.

Bei dem Prozess, mehr Autonomie anzunehmen, wird ein Team mit großer Sicherheit einige Fehler machen oder Anforderungen missverstehen. Es ist wichtig, bei solchen Rückschlägen nicht über-zureagieren, denn die Teammitglieder würden sich daraufhin nur wieder in ihr Schneckenhaus zurückziehen. Aber auch wenn das nicht ganz einfach ist, sollte man diesen Abschnitt der Weiterent-wicklung des Teams willkommen heißen und als Gelegenheit sehen, über die wahren Bedürfnisse zu sprechen und Kommunikation sowie die Zusammenarbeit zu verbessern, um künftig Fehlinterpretationen vermeiden zu können.

Zeit für direkte Zusammenarbeit einplanen

Ich habe ausführlich über die psychologischen Hindernisse beim Gleichgewicht zwischen Zusammenarbeit und Autonomie geschrie-ben; wie z.B. die Angst, loszulassen; die Notwendigkeit, eine Part-nerschaft mit dem Entwicklungsteam einzugehen; und der Sorge von Teams, die falschen Entscheidungen zu treffen. Werfen wir jetzt noch einmal einen Blick auf die Geschichte und schauen uns einige praktische Maßnahmen an, die Lawrence und sein Team ergriffen, um besser zusammenzuarbeiten.

Die erste Änderung war, dass Lawrence, wann immer es ihm mög-lich war, am Daily Scrum teilnehmen würde, sodass er alle Fragen des Teams beantworten konnte. Sich gewisse Tage oder Zeiten im

Laufe der Woche frei zu halten, um Fragen zu beantworten und Lösungen zu finden, ist häufig ein guter Start, um zukünftig mehr mit dem Team zu interagieren. Viele Product Owner nehmen am Daily Scrum teil und viele halten auch einen wöchentlichen Backlog Refinement Workshop ab, um 1-2 Stunden einige der User Stories zu besprechen.

Ein Gleichgewicht kann man auch erzeugen, wenn man nur an der ersten Hälfte des Sprint Plannings des Teams teilnimmt. In Scrum wäre dies das sogenannte Sprint Planning 1, in dem das Team herausfinden möchte, *was* sie glauben, in diesem Sprint schaffen zu können. Wenn das Team zum zweiten Teil des Meetings übergeht, in welchem sie herausfinden möchten, *wie* sie das erreichen möchten, kann man das Meeting verlassen. Allerdings sollte der Product Owner in der Nähe bleiben oder etwa per Telefon erreichbar sein, falls das Team ihn doch noch benötigen sollte. Das Team braucht diesen Freiraum jedoch, um selbst herausfinden zu können, wie sie die Arbeit erledigen möchten.

> Könnten Sie einen wertvollen Beitrag zu den Daily Scrums des Teams leisten?
>
> Reduzieren Sie zur Zeit eher den Wert dieser Meetings?

Richtwerte festlegen

Die zweite Veränderung von Lawrence und seinem Team war, sich darüber klar zu werden, welche Arten von Entscheidungen das Team selbstständig treffen kann. Sie erstellten ein farbenbasiertes Richt-wertsystem für das Sammeln von Daten und einigten sich darauf, es in einer künftigen Retrospektive auszuprobieren.

Ein, zwei Iterationen lang echte Daten zu sammeln, kann dem Team dabei helfen, festzulegen, wann sie um Klärung bitten sollten. Wenn Sie als Product Owner Fragen gestellt bekommen, merken Sie sich, ob dies eine Situation ist, in der Sie selbst eine Entscheidung treffen müssen oder ob Sie dies dem Team überlassen können. Hier geht es darum, diese Daten festzuhalten und zu reflektieren, damit das Team – und Sie – daraus erste Schlussfolgerungen ziehen können. Das Ziel ist, dem Team mehr Autonomie innerhalb eines verein-barten Rahmens zu geben und permanent neu zu erörtern, wo die Grenze genau liegt.

Gute Mitarbeiter einstellen und fördern

Ein dritter praktischer Schritt könnte sein, sich genau die aktuellen Teambildungsmaßnahmen und Stellenbeschreibungen anzuschauen. Manager und großartige Product Owner in Organisationen mit agilem Mindset setzen beim Einstellen neuer Teams und/oder bei der Teamentwicklung auf proaktive, teamfähige und unternehmerisch denkende Menschen, denn Menschen mit diesen Fähigkeiten kann man viel leichter Vertrauen schenken.

Die harte Wahrheit ist, dass es viel schwieriger ist, anderen richtige Entscheidungen zuzutrauen, wenn man die falschen Leute einstellt oder ein Team übernimmt, das man kaum kennt. Das Gute an Scrum und Agile ist jedoch wie bereits erwähnt, dass man in so kurzen Iterationen arbeitet, dass man nicht lange warten muss, um herauszufinden, ob es sich gelohnt hat, dem Team zu vertrauen.

Ich erinnere mich daran, dass Ken Schwaber (der Co-Creator von Scrum) einmal folgenden Scherz machte:

„Scrum funktioniert auch mit Idioten. Man kann einen Haufen Leute, die nie mit Softwareentwicklung zu tun hatten, niemals studiert haben und sich sogar hassen, für 30 Tage mit einem priorisierten Backlog in einem Raum einschließen und Scrum würde funktionieren. Es wird funktionieren, weil man nach 30 Tagen empirische Daten darüber hat, was das Team leisten kann und anhand dieser Informationen über das Team kann man sich überlegen, wie man weiter vorgehen möchte."

Ken hat das bewusst übertrieben formuliert. Man sollte nie absichtlich ein solches Team zusammenstellen, aber er hat es so formuliert, weil es doch einen Funken Wahrheit enthält. Wenn das Team fürchterlich inkompetent oder nicht vertrauenswürdig ist, dann werden Sie das nach nur einer Iteration wissen. Und dann können Sie anhand dieses Wissens agieren.

- Sie könnten die Teammitglieder feuern und das Projekt abbrechen.
- Sie könnten versuchen, das Umfeld zu verändern, welches unerwünschte Verhaltensweisen fördert.
- Sie könnten auch in die Weiterentwicklung des Teams investieren.

Das erinnert mich an einen anderen Witz, bei dem der CFO eines Unternehmens meint: „Was ist, wenn wir in Training und Weiterentwicklung unserer Mitarbeiter investieren, und sie danach das Unternehmen verlassen?" Daraufhin antwortet der CIO: „Was ist, wenn wir nicht in Training und Weiterentwicklung unserer Mitarbeiter investieren und sie *bleiben*?!"

Wenn Sie bei der Auswahl neuer Mitarbeiter und der Weiterentwicklung der Kollegen mitreden dürfen, sollten Sie bewusst Mitarbeiter einstellen und weiterbilden, die vertrauenswürdig sind und autonom handeln können.

Nicht alles delegieren

Sobald Product Owner dem Team die Möglichkeit geben, selbst Entscheidungen zu treffen, gehen sie ein weiteres Risiko ein: einen Teil ihrer eigenen Autonomie zu verlieren. Und die Stakeholder um Feedback zu bitten, kann es Product Ownern außerdem schwer machen, ihren eigenen Standpunkt bei gewissen Fragen zu vertreten. Wie bei allem, was mit Zusammenarbeit zu tun hat, ist auch hier ein gutes Gleichgewicht ausschlaggebend.

Wenn das Gleichgewicht in Richtung einer Kunden-Dienstleister-Beziehung kippt, sollten Sie sich vielleicht noch einmal das Kapitel „Informed" anschauen und eine bessere Beziehung zum Team entwickeln. Wenn Sie auf der anderen Seite das Gefühl haben, zu viel Ihrer eigenen Autonomie geopfert zu haben, dann nutzen Sie die Retrospektiven, um diese Sorge mit dem Team zu besprechen.

Denken Sie immer daran, dass der Product Owner über die Autorität verfügt, die finale Entscheidung zu treffen. Hier geht es nicht darum, jegliche Autorität an das Entwicklungsteam abzugeben, damit man nicht mehr mit Fragen gelöchert wird! Es geht darum, die Last des Treffens von Entscheidungen zu reduzieren, indem man die Entscheidungsfindung auf bestimmte Zeiten konzentriert und dem Team dabei hilft, herauszufinden, welche Entscheidungen sie selbst treffen können.

Haben Sie explizit darüber gesprochen, was Sie guten Gewissens an das Team abgeben können und über was Sie die Kontrolle behalten möchten?

Nicht vergessen, auch sich selbst zu ermächtigen

Bisher lag der Fokus darauf, das Entwicklungsteam zu ermächtigen, da die Entwicklungsteams in den meisten Organisationen ein beachtliches Maß an Unterstützung, Förderung und Vertrauen benötigen, um auf eine gleichberechtigtere Weise am Entwicklungsprozess teilhaben zu können. Allerdings können Product Owner auch Schwierigkeiten haben, sich selbst zu ermächtigen. Ich habe schon viele Product Owner kennengelernt, denen die Umgebung, die Unterstützung, das Vertrauen und die Autorität fehlten, um das Produkt voranzubringen.

Wenn man ständig seine Entscheidungen rechtfertigen muss oder Entscheidungen nicht zeitnah treffen kann, weil man nicht über die nötige Autorität dafür verfügt, sollte man vielleicht mit seinen eigenen Vorgesetzten ein Gespräch über Vertrauen führen und den agilen Entwicklungsprozess nutzen, um die aufkommenden Zweifel und Bedenken zu klären.

Erinnern Sie zuerst die leitenden Führungskräfte daran, dass sie mit Hilfe kurzer Iterationen schneller die Ergebnisse Ihrer Entscheidungen sehen können. Sowohl die leitenden Führungskräfte als auch Sie selbst können dann das Feedback aus jeder Iteration nutzen, um die notwendigen Änderungen vorzunehmen. Sie können deren Ängste weiterhin reduzieren, indem Sie über alle konkreten Sorgen sprechen, die sie haben. Wenn andere Ihnen beispielsweise nicht so recht vertrauen, weil sie glauben, dass Ihnen die Erfahrung fehlt oder Sie fragwürdige Entscheidungen treffen, dann können Sie diese Sorgen lindern, indem Sie das Erfahrungslevel in Ihrem Product Owner Team steigern und den Entscheidungsfindungsprozess vorstellen, den Sie gemeinsam mit diesem Team durchlaufen.

Wenn Leute glauben, Ihr Produkt sei zu riskant oder der jeweilige Markt zu volatil oder zu unbekannt, dann können Sie ihnen demonstrieren, wie Sie eine Priorisierung durchführen, um Risiken zu minimieren bzw. schnell dazuzulernen.

Ein ermächtigter Product Owner, der iterativ und inkrementell mit einem ermächtigten Entwicklungsteam zusammenarbeitet, ist ein Gütesiegel eines großartigen Produktentwicklungsprozesses. Großartige Product Owner streben danach, ihre eigene Autonomie so stark wie möglich zu steigern, damit sie die Autorität haben, schnelle Entscheidungen zu treffen und gleichzeitig die Autonomie des Entwicklungsteams auszuweiten, um nicht unter der Last von *zu vielen* Entscheidungen begraben zu werden. Großartige Product Owner wissen zudem, dass die Ermächtigung von Teams oft viel kreativere Lösungen zur Folge hat – ein Vorteil, der zu wichtig ist, um ihn zu ignorieren.

> Von wievielen Personen müssen Sie sich Ihre Entscheidungen absegnen lassen?
>
> Wie groß ist die Wahrscheinlichkeit, dass Ihre Entscheidungen überstimmt oder gekippt werden?

„*Gavin ist ein echter Familienmensch. Er hatte keine besonders gute Kindheit, seine Eltern haben sich scheiden lassen und daher hat er nicht so viele schöne Kindheitserinnerungen.*"

Geschichten erzählen statt nur Stories zu schreiben

Gute Product Owner schreiben gute Stories.
Großartige Product Owner erzählen großartige Geschichten.

Ein gutes Gleichgewicht bei der Zusammenarbeit zwischen Team und Product Owner ist nur eine Möglichkeit, das Team zu ermächtigen. Eine weitere Methode großartiger Product Owner ist, ihren Teams den Kontext für Kreativität an die Hand zu geben. Um genau verstehen zu können, was das bedeutet, schauen wir uns noch einmal die Akteure der vorherigen Geschichte an (Lawrence, Vicky und das Entwicklungsteam). Sie sind nun bereits im Sprint Planning für Sprint 7 angelangt.

ScrumMaster Vicky nahm die nächste Karte von der Wand und las sie laut vor.

Abb. E-1. Die User Story, die Vicky von der Wand genommen hat

Sie fragte die Mitglieder des Entwicklungsteams, die alle um einen Tisch versammelt waren: „Was meint ihr? Müsst ihr noch irgendetwas wissen, bevor ihr eine Einschätzung dazu abgeben könnt?"

Ein Mitglied des Teams, Rachel, stellte ein paar Fragen darüber, ob das Speichern der Bilder automatisch oder manuell erfolgen solle und ob es die Option geben solle, Unterordner anzulegen und die Dateien benennen zu können. Ein anderes Teammitglied, Steve, fragte, wie das Löschen der Dateien geregelt werden solle. All diese Fragen sollten dem Team helfen, ein besseres Gefühl für den Umfang der Story zu bekommen. Lawrence, der Product Owner, tat sein Bestes, diese Fragen zu beantworten, während Vicky einige Details zu der Karte hinzufügte.

Das Sprint Planning kam voran, doch aus der Sicht des Product Owners fühlte es sich etwas gezwungen und mühsam an, als ob sich das Team nur mit wenig Energie und Enthusiasmus an die Abläufe halten würde.

„Was ist los, Leute?", fragte Lawrence. Dann teilte er dem Team seine Sorgen bezüglich des Energielevels mit.

„Nichts ist los, aber wir verstehen, was du meinst", antwortete Rachel. „Vielleicht würde es helfen, wenn du uns etwas mehr darüber erzählen würdest, wie die Persona von Gavin dieses Feature nutzen würde."

Lawrence nutzte die Gelegenheit, um nach vorne zum Whiteboard zu gehen und dem Team alles über Gavin zu erzählen – die fiktionale Nutzer-Persona, die er erschaffen hatte, um die Zielgruppe des Produkts zu repräsentieren.

„Gavin ist ein echter Familienmensch. Er hatte keine besonders gute Kindheit, seine Eltern haben sich scheiden lassen und daher hat er nicht so viele schöne Kindheitserinnerungen. Um ehrlich zu sein, ist sein Erinnerungsvermögen grundsätzlich nicht das allerbeste, und daher möchte er all die schönen Erlebnisse festhalten, die er mit seiner eigenen Familie bereits hatte und noch haben wird. Seine Frau und er haben gerade erst Zwillinge bekommen – der Schlafmangel wirkt sich zusätzlich nicht gerade positiv auf sein Gedächtnis aus. Zusammen mit seiner Skepsis gegenüber der Verlässlichkeit von Technologie möchte er sich einfach nur sicher sein, dass all seine Bilder gespeichert werden und niemals verloren gehen. Er ist technisch nicht so versiert, weshalb das alles einfach sein sollte, und er möchte sowohl die Fotos seiner Frau als auch seine eigenen am gleichen Ort speichern können."

Jeder wusste, dass Gavin nur eine Persona war, aber Lawrence sprach so leidenschaftlich über Gavins Situation und darüber, wie er das Feature nutzen würde, dass das Team fast glaubte, er sei real.

„Wow", sagte Rachel. „Das war wirklich hilfreich! Tatsächlich hatte ich gedacht, dass Gavin sich gut mit Technologie auskennt, weil du die Cloud erwähnt hattest, aber jetzt merke ich, dass das gar nicht stimmt. Jetzt verstehe ich auch, warum der Familien-Account und einige andere Features relevant sind."

Dann stand Rachel auf und ging zum Whiteboard, um aufzuzeichnen, wie sie sich das Feature und dessen Verlinkung mit anderen Teilen des System vorstellte. Dies ermutigte auch Steve, aufzustehen, und bevor man sich versah, wurden die Story-Karten abgenommen, umgeschrieben, wieder an die Wand gehängt und miteinander verknüpft. Die Planning Session hatte solch eine Dynamik entwickelt, wie es noch keines der Teammitglieder zuvor erlebt hatte…und alles nur, weil eine Geschichte erzählt wurde.

User Stories sinnvoll nutzen

Eine der häufigsten Ursachen für Spannungen zwischen Produktmanagern und Entwicklungsteams liegt in der Interpretation von Anforderungen. Entwicklungsteams beschweren sich häufig über vage und unklare Anforderungen der Produktmanager, während sich die Produktmanager darüber beschweren, dass die Teams einfach nichts kapieren und völlig flasche Annahmen machen. All die psychologischen Faktoren, die wir bereits nannten – die Angst, loszulassen, Leistungsängste und ein Mangel an wahrer Partnerschaft – kommen hier wieder ins Spiel.

Infolgedessen wird die Anforderungsdokumentation total aufge-bläht, weil man versucht, jede mögliche Interpretation festzuhalten. Dabei werden oft fast schon Formulierungen wie in einem Vertrag verwendet, um Unklarheiten zu vermeiden oder sich gegen Schuld-vorwürfe zu wappnen, die aus unvermeidbaren Unstimmigkeiten entstehen können.

Die *User Story* wurde als Gegengift dieses Problems geboren. User Stories kommen vom eXtreme Programming (XP) – einem der Vor-reiter der agilen Softwareentwicklung. Wie auch in der Geschichte über Lawrence und sein Team ist eine User Story eine Umfangseinheit für ein Projekt. Sie wird auf eine bestimmte Art formuliert und meist auf ein greifbares Artefakt wie eine Karteikarte geschrieben und dient als Grundlage für eine Konversation zwischen Product Owner und dem Team. Wie Anforderungen werden auch User Stories vom Product Owner geschrieben, verhindern jedoch viele Probleme durch überladene Anforderungsdokumente, indem sie bewusst bestimmte Einzelheiten für zukünftige Konversationen zurückhalten.

Als zum ersten Mal mit User Stories gearbeitet wurde, waren sie eine ziemlich radikale, neue Art und Weise, Anforderungen zu gestalten. Schnell wurden sie dann zum Standard beim Schreiben von Anforderungen in agilen Projekten. Indem man die Anforderungen in den Kontext mit dem Nutzer setzt und vor allem den Grund für das Bedürfnis des Nutzers angibt, kann viel mehr Empathie zwi-schen Entwickler und Kunde entstehen, was wiederum zu besseren Lösungen führt.

 Wie sehr helfen Ihre Anforderungen dabei, Empathie zu den Nutzern des Produkts aufzubauen?

Überzeugende Personas erstellen

Eine tolle Möglichkeit für Product Owner, sich darüber klar zu werden, für wen sie ihre Produkte entwickeln, ist das Erstellen von Personas. Personas repräsentieren potentielle, tatsächliche oder sogar fiktionale Nutzer oder Konsumenten eines Produkts. In der Geschichte schrieb Lawrence eine User Story zu Gavin, einer Persona, die er entwickelt hatte, um gewisse Informationen zu den Nutzern des Produkts zu vermitteln.

Personas stammen aus dem UX-Bereich. Ich las zum ersten Mal von diesem Konzept in Alan Coopers Buch *The Inmates Are Running The Asylum: Why High-tech Products Drive Us Crazy and How to Restore the Sanity*. Personas sind der Versuch, Marktforschung in konkrete Beispiele für bestimmte Nutzer oder Nutzergruppen umzuwandeln, für die das Produkt entwickelt werden soll.

Auch wenn es keine Standardstruktur und kein allgemeingültiges Präsentationsformat für Personas gibt, beinhalten sie doch so gut wie immer:

- Die Ziele des Nutzers bei der Nutzung des Produkts
- Die Erwartungen, Anforderungen und Bedürfnisse des Nutzers
- Eine Vorstellung dessen, wie der Nutzer wohl mit dem Produkt interagiert
- Eine Beschreibung dessen, wer die Person ist, wie sie denkt und was ihre Werte sind
- Beispiele von Dingen, die die Person typischerweise sagt, denkt oder tut
- Bilder der Nutzer in Aktion

Personas können ein unglaublich hilfreiches Instrument für Product Owner sein, da sie sich auf die wichtigsten demographischen Fakten konzentrieren und die Entwicklung des Produkts so steuern, dass echte Menschen ihre Ziele damit erreichen können. Personas erinnern permanent daran, warum das Produkt entwickelt wird und wie es letztendlich bewertet wird.

Personas helfen auch dem Entwicklungsteam, während des Entwicklungsprozesses die richtigen Entscheidungen bezüglich des Designs zu treffen. Viele der Entwicklungsteams, mit denen ich gearbeitet habe, bestätigten, welch einen riesigen Unterschied es für die Motivation macht, ein Bild des tatsächlichen Nutzers vor Augen zu haben, statt sich lediglich auf die Entwicklung des Produkts zu konzentrieren. Die Product Owner dieser Teams gaben auch an, dass die Lösungen ihrer Teams so viel innovativer und intuitiver waren. Ich glaube nicht, dass das ein Zufall ist.

Bei den meisten Projekten wird es mehr als nur eine Persona geben. Daher sollten Product Owner und deren Teams so viele Personas erstellen, wie sie für angebracht halten. Beispielsweise können alle Teams zumindest eine *primäre Persona* identifizieren – ein Individuum, das die Zielgruppe seines Produkts repräsentiert. Das Design wird von dieser Persona gesteuert und das Produkt sollte am Ende den Zielen dieser Persona entsprechen. Viele Produkte verfügen auch über eine *sekundäre Persona*, deren Anforderungen zwar nach Möglichkeit umgesetzt werden, die aber, wenn es hart auf hart kommt, den Anforderungen der primären Persona untergeordnet werden.

Einige Product Owner arbeiten auch gerne mit *negativen Personas* bzw. *ausschließenden Personas*. Dies sind Personen, die bewusst *nicht* der Zielgruppe für das Produkt entsprechen. Ein Beispiel für eine negative Persona wäre ein Computer-Hacker für ein Softwareprodukt. Andere negative Personas können Personen sein, die nicht über das nötige Einkommen verfügen, um das Produkt zu erwerben, oder die niemals das Produkt kaufen würden, weil ihre Markentreue einem Konkurrenzprodukt gilt. Mit Hilfe negativer Personas kann man sicherstellen, dass man nicht die falsche Zielgruppe bewirbt oder Designvorschläge der falschen Personen in die Produktentwicklung einbezieht. Außerdem können sie helfen, Handlungen, die sich negativ auf das Produkt auswirken würden, zu verhindern.

Haben Sie ein gutes Verständnis davon, wer Ihr Produkt nutzen wird, wie es genutzt wird oder ob es falsch verwendet wird?

Dies ist ein Beispiel dafür, wie eine Persona für eine Reise-Webseite aussehen kann:

Abb. E-2. Personas helfen dabei, die Geschichten
der Nutzer eines Produkts zu erzählen.

Die Geschichte der Nutzer erzählen

Personas oder User Stories zu schreiben, ist nur ein Teil der Geschichte (entschuldigen Sie bitte das Wortspiel). Ich habe noch nie ein Kind sagen hören: „Papa, *schreibst* du mir eine Geschichte? BIIITTE!" Menschen möchten Geschichten *hören*, um ein Teil davon zu werden.

User Stories waren nie dafür gedacht, so effektiv beim Festhalten von Anforderungen zu sein, dass sie ohne weitere Zusammenarbeit zu implementieren sein würden. Ganz im Gegenteil, sie sollen die Konversation anregen und eine gemeinschaftliche Lösungsfindung fördern. Aus diesem Grund geben die besten User Stories keine Lösungen vor, sondern geben das Problem wieder, das gelöst werden soll. Die Product Owner schreiben nicht die kompletten Stories auf die Karten, sondern laden das Team dazu ein, sie gemeinsam weiterzuentwickeln. Tatsächlich helfen die Konversationen rund um eine User Story den Teams dabei, kreative Lösungen zu finden.

In der vorherigen Geschichte hatten Lawrence und das Team das Gefühl, dass es nicht genug kreative Energie im Planning gab, um ein wirklich herausragendes Produkt entwickeln zu können. Die besten Product Owner *erzählen* die Stories ihrer Nutzer – ebenso wie Lawrence es mit der Geschichte über Gavin tat (wie seine Vergangenheit aussieht, was er erreichen möchte, was ihn frustriert und was seine Hoffnungen sind) – um die Bedürfnisse des Nutzers dem Entwicklungsteam vermitteln zu können. Damit fördern sie emotionale Beziehungen und Empathie zwischen denen, die das Produkt entwickeln, und denen, für die sie es entwickeln. Ich sehe immer wieder die außergewöhnlichen Effekte davon, Stories nicht nur aufzuschreiben, sondern zu erzählen.

In seinem Buch *Improv-ing Agile Teams – Using Constraints to Unlock Creativity* erklärt Paul Goddard, wie Schauspieler in einem Improvisationstheater die Hauptelemente des Geschichtenerzählens nutzen, von denen auch agile Teams (und Product Owner) profitieren:

1. Sie halten die Geschichte simpel und verkomplizieren sie nicht unnötig. Die Kernaussage sollte einfach in ein oder zwei Sätzen zusammengefasst werden können.

2. Sie beziehen die Vergangenheit mit ein. Durch die Vernetzung von Gegenwart und Zukunft mit der Vergangenheit stellen sie Kontinuität und Kongruenz sicher.

3. Sie identifizieren sich mit den Charakteren. Schauspieler im Improvisationstheater helfen dem Publikum dabei, sich in die Charaktere der Geschichte hineinzuversetzen. Auch großartige Product Owner ermöglichen es dem Team, Empathie für diejenigen aufzubauen, die das Produkt nutzen oder konsumieren werden. Sie geben dem Team die Möglichkeit, zu verstehen, wie ein neues Feature den Nutzer beeinflusst und wie sich dessen Leben dadurch verändern wird.

4. Sie schließen die Geschichte ab. Geschichtenerzähler erlauben es dem Publikum, die Geschichte abzuschließen. Ebenso sollten auch Product Owner den Teams helfen, festzustellen, wann sie fertig sind. In den meisten Fällen bedeutet dies, dass sie objektive Zufriedenheits- bzw. Akzeptanzkriterien für die User Story breitstellen. Es können aber auch persönlichere und subjektivere Dinge sein wie die Beschreibung eines Gemütszustandes oder eine neugewonnene Charaktereigenschaft. Wenn es darum geht, dem Team eher ein Problem statt einer Lösung zu präsentieren, definieren großartige Geschichtenerzähler

und Product Owner das Ende häufig schon in der ersten Hälfte der Geschichte. Sie erlauben es dem Team, auszuarbeiten, wie sie vom Anfang zum Ende der Geschichte gelangen möchten.

> Über welchen Bereich in der Welt des Nutzers wissen Sie am wenigsten?
>
> Wie können Sie mehr darüber in Erfahrung bringen?

Ängste eingestehen

Seien wir ehrlich. Geschichten zu erzählen, kann wirklich einschüchternd sein – wenn nicht sogar angsteinflößend. Jegliche Leistungsängste, die sich tief in Ihrer Psyche verbergen, können zum Leben erwachen, sobald Sie darüber nachdenken, wie andere darauf reagieren könnten, wenn Sie einen Fehler machen oder wenn die Geschichte nicht ankommt und Sie nur komisch angeschaut werden.

Der erste Schritt zur Überwindung dieser Angst ist, sich einzugestehen, dass das etwas ganz Normales ist. Laut *statisticbrain.com* und meiner eigenen Erfahrung haben 75 % der Menschen Angst davor, in der Öffentlichkeit „aufzutreten". Mir ist aufgefallen, dass ein Großteil dieser Angst mit der menschlichen Neigung zu tun hat, Dinge zu dramatisieren und sich über deren Auswirkungen den Kopf zu zerbrechen. Meiner Meinung nach ist das beste Gegenmittel, sich in Achtsamkeit zu üben. Machen Sie sich den Moment ganz bewusst und analysieren Sie ganz rational Ihre Annahmen zu den Konsequenzen und der Wahrscheinlichkeit, tatsächlich zu „scheitern".

Erkennen Sie auch an, dass Ihre Einstellung und Ihre Motivationsstrategie eine Rolle bei Ihren Ängsten spielen können. Wenn wir pessimistisch oder zynisch sind, werden wir mit hoher Wahrscheinlichkeit nur an ein Worst-Case-Szenario denken und nehmen unbewusst eine *„weg-von"*-Strategie an. In diesem Fall sind wir meist sehr defensiv und risikoscheu, um uns vor negativen Folgen zu schützen. Achtsamkeit gibt uns die Kontrolle zurück. Wenn wir uns den Dingen bewusster sind, können wir eine bessere Motivationsstrategie annehmen. Auch weil das, auf das wir uns konzentrieren, großen Einfluss darauf hat, was geschehen wird, kann eine *„Hinzu"*-Strategie eine großartige Möglichkeit sein, sowohl Zynismus als auch Leistungsangst zu bekämpfen. Statt sich vorzustellen, was alles schief laufen könnte, sollten Sie sich sagen, welche positiven Ergebnisse eintreten können – und das bezieht sich nicht nur auf ein direktes Ergebnis sondern beispielsweise auch auf Ihre eigene Weiterentwicklung, Ihr Selbstvertrauen oder darauf, anderen ein positives Beispiel zu sein.

Struktur für Stories

Nachdem Sie sich motiviert haben, eine Geschichte zu erzählen, erinnern Sie sich daran, dass eine Struktur dabei helfen kann, das Geschichtenerzählen weniger bedrohlich zu machen. Auch wenn es keine allgemeingültige perfekte Struktur dafür gibt, sind folgende Punkte doch sicherlich hilfreich, wenn Sie die Geschichte Ihrer Nutzer erzählen möchten.

Ein **Spannungsbogen** beginnt mit einer Einleitung, in der man den Rahmen absteckt und die Figuren sowie den Kontext der Geschichte vorstellt. An einem gewissen Punkt erwähnt man dann eine Komplikation o.ä. – also eine Herausforderung einer oder aller Figuren aus der Geschichte. Von dem Punkt an beschäftigt sich der Mittelteil der Geschichte damit, diese Komplikation und alle damit verbundenen Herausforderungen zu bewältigen. Dies führt zum Höhepunkt der Geschichte, in dem das Hauptproblem gelöst wird bzw. die ursprüngliche Herausforderung überwunden wird. Schließlich kommt eine abschließende Zusammenfassung oder Auflösung, in der alle losen Enden miteinander verknüpft werden und so dem Publikum als Abschluss dienen. Einige Spannungsbögen verfügen zusätzlich noch über eine Coda, in der die Moral der Geschichte enthüllt wird. Abbildung E-2 zeigt einen typischen Spannungsbogen.

Die Standardstruktur für User Stories

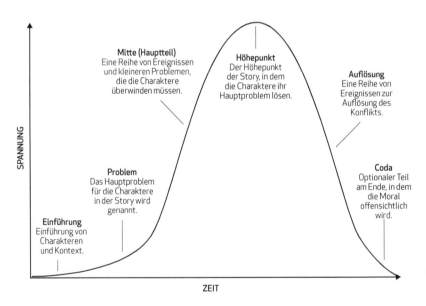

Abb. E-3. Viele Stories haben eine ähnliche Spannungskurve.

Story Spines

Das sogenannte Story Spine (Rückgrat einer Geschichte) ist ein Tool, um satz- oder absatzweise das Erzählen von Geschichten zu üben, um den Zuhörern grob den Handlungsverlauf der Geschichte klar zu machen. Fangen Sie mit folgenden Sätzen an:

Es war einmal…(Einführung der Figur)
Und jeden Tag…(Einführung der aktuellen Situation)
Aber eines Tages…(die Situation verändert sich)
Und darum…(Auswirkungen der Veränderung auf die Figur)
Und darum…(evtl. gibt es Folgewirkungen oder eine Zuspitzung der Situation)
Bis schließlich…(es erfolgt eine Reaktion auf die Veränderung der Geschichte)
Und seit diesem Tag…(entweder ist die Figur erfolgreich oder scheitert)

Sobald die grobe Handlung der Geschichte erzählt wurde, kann man die Einzelheiten, wenn nötig, gemeinsam mit dem Team ausarbeiten. Wenn man experimentierfreudig ist, kann man die gleiche Struktur in anderer Reihenfolge ausprobieren:

Es war einmal…(Einführung der Figur)
Und seit diesem Tag…(entweder ist die Figur erfolgreich oder scheitert)
Und jeden Tag…(Einführung der aktuellen Situation)
Aber eines Tages…(die Situation verändert sich)
Bis schließlich…(es erfolgt eine Reaktion auf die Veränderung der Geschichte)
Und darum…(Auswirkungen der Veränderung auf die Figur)

Und darum…(vlt. gibt es Folgewirkungen oder eine Zuspitzung der Situation)

Diese Übung kann man auch in Gruppen oder Teams durchführen. Jede Person übernimmt dann einen Satz und so kann die gesamte Gruppe die Geschichte weiterentwickeln.

User Poems

Wenn es nicht Ihr Ding ist, Geschichten zu erzählen, können Sie auch versuchen, zu reimen. Eine der kreativsten und lustigsten Beispiele für die Erweiterung traditioneller User Stories sind User Poems und insbesondere User Limericks. Wenn Sie sich mit Limericks nicht so gut auskennen, reicht es, zu wissen, dass ein Limerick aus 5 Zeilen besteht. Zeile 1,2 und 5 reimen sich. Auch Zeile 3 und 4 reimen sich, haben aber weniger Silben als die Zeilen 1,2 und 5.

A team from the town Balamory
Grew tired of the old user story
Though it seemed a bit strange
They used poems for a change
Which led them to rhythmical glory.

Wie Sie sicher bereits bemerkt haben, müssen sich die Zeilen nicht perfekt reimen, um ihre Wirkung zu entfalten. Auf die User Story von Lawrence übertragen, könnte das folgendermaßen aussehen:

A tool to preserve precious memories
Is where we should put all our energies
For Gavin, the new Dad
Fear of losing his iPad
Is one of his life's biggest enemies.

Ich war immer wieder positiv überrascht, wie schnell Product Owner Gefallen an dem Schreiben und Vorlesen von User Poems finden. Die größte Hürde ist dabei das eigene Selbstbewusstsein, also seien Sie nachsichtig mit sich und machen Sie sich nicht zu viel Druck, wenn Sie anfangen, Ihre Komfortzone zu verlassen.

Der Bereich um unsere Komfortzone herum wird häufig auch als Stretchzone bezeichnet. In diesem Bereich erleben wir ein gewisses Maß an Unbehagen. Jedoch finden auch Lernerfahrungen und Wachstum sowie ein Zuwachs an Selbstvertrauen am ehesten in dieser Zone statt.

Wenn wir dabei allerdings nicht aufpassen, können wir schnell in der Panikzone landen, in der wir kaum in der Lage sind, zu lernen und zu wachsen.

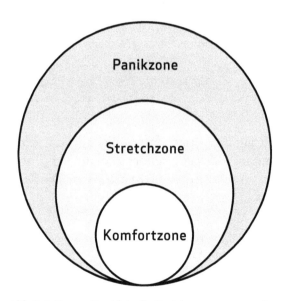

Abb. E-4. Trauen Sie sich in die Stretchzone, um zu wachsen.

Es geht nicht darum, der nächste Hofdichter zu werden, sondern darum, auf verschiedene Weise damit zu experimentieren, wie man die Bedürfnisse der Nutzer vermitteln und das Team einbinden kann.

A story conveys user needs
If well written the team often succeeds
Don't focus on spelling
The value's in the telling
So think hard about how well it reads

Wenn Limericks nicht Ihr Fall sind, können Sie auch andere Formen wie Haikus, Dirgen, Balladen, Sonette, Stanzen, Couplets oder Quatrains, aber auch jede andere Gedichtform nach Belieben nutzen.

Was könnten die Vorteile davon sein, sich aus der eigenen Komfortzone herauszuwagen?

Für Sie? Für Ihr Team? Für das Produkt?

Ich möchte darauf hinweisen, dass es nicht darum geht, dass plötzlich jeder Limericks schreibt, sondern darum, das Engagement der Teams für ihre Arbeit wieder neu zu entfachen. Die Kraft liegt nicht im Schreiben sondern im Erzählen einer Story:

If the poetry's getting you vexed
Then just stick to the plain old straight text
The point's not the rhyming
Or even the timing
But getting across the context

Fazit

Im Grunde genommen ist jede Produktentwicklung eine Geschichte; Sie und Ihr Entwicklungsteam sind die Akteure in dieser Geschichte. Es gibt ein Problem, das gelöst werden will, und Sie werden versuchen, dieses Problem gemeinsam zu lösen.

Gute Product Owner beziehen ihre Teams in den Lösungsfindungsprozess ein. Sie geben keine beliebigen Lösungen vor, sondern fordern das Team auf, gemeinsam eine Lösung zu finden. Großartige Product Owner schaffen mit Tools wie User Stories und Personas Struktur und Kontext und entfesseln mit der Hilfe des Geschichtenerzählens die Kreativität und Neugierde beim Team und bei sich selbst.

Die besten Stories entstehen durch Zusammenarbeit und können im Nachhinein nicht einer bestimmten Person zugeordnet werden. Product Owner sind dafür verantwortlich, die Probleme, die für ihre Nutzer gelöst werden müssen, zu identifizieren. Herauszufinden, *wie* diese Probleme gelöst werden, ist jedoch nicht zwingend ihre Aufgabe. Großartige Product Owner nutzen die kollektive Intelligenz, Kreativität und Erfahrung ihrer Teams, um wirklich überzeugende Resultate erzeugen zu können.

DRIVEN

Negotiable

„Träume auf pragmatische Weise."
Aldous Huxley

Bei einem Product Owner wird es immer zwei Kräfte geben, die miteinander im Konflikt stehen: der Wunsch nach Perfektion und das Bedürfnis, ein qualitativ hochwertiges Produkt termintreu und budgetgerecht zu liefern. Product Owner mit den DRIVEN-Merkmalen wollen das bestmögliche Produkt erschaffen. Dafür müssen sie gewillt sein, Grenzen zu sprengen, sich selbst und andere immer wieder herauszufordern und ihre eigenen Annahmen darüber, was möglich ist und was nicht, zu hinterfragen.

Gleichzeitig wissen gute Product Owner aber auch, dass man mit Sicherheit scheitern wird, wenn man der Perfektion hinterherjagt und aus diesem Grund das Produkt nicht auf den Markt bekommt. Denn wenn die Definition von „gut genug" zu umfangreich ist, um erreicht werden zu können, wird das Produkt entweder nicht vollständig bzw. mit schlechter Qualität geliefert oder das Produkt wird niemals aus einem endlosen Entwicklungszyklus herauskommen, da es immer als noch nicht lieferbar angesehen wird.

Großartige Product Owner haben daher gelernt, wie sie ein gutes Mittelmaß **aushandeln** können zwischen dem Traum des perfekten Produkts und dem praktischen Bedürfnis, ein qualitativ hochwertiges Produkt zeitnah und kostengünstig auf den Markt zu bringen. Verhandeln heißt nicht zwingend, Kompromisse einzugehen oder sich in allem einig zu sein. Wie wir bereits im Kapitel „Decisive" gelernt haben, müssen Product Owner bereit sein, schwierige Entscheidungen zu treffen. Sie können es sich nicht leisten, jeden zufriedenstellen zu wollen, wenn dies bedeuten würde, dass das Produkt darunter leidet. Das ist der Grund, warum großartige Product Owner Exzellenz statt Perfektion anstreben und Möglichkeiten finden, um die Bedürfnisse der verschiedenen Stakeholder im Interesse eines qualitativ hochwertigen Produkts in Einklang zu bringen.

Karen konnte spüren, wie sich eine ihrer Migräneattacken anbahnte.

Beschwichtigen und begeistern

*Gute Product Owner repräsentieren viele
verschiedene Parteien.
Großartige Product Owner wissen, dass sie nicht
jeden zufriedenstellen können.*

Karen spürte, dass eine ihrer Migräneanfälle im Anmarsch war. Die Gruppe, die sich im Konferenzraum getroffen hatte, kam zu keinem Ergebnis. Es wurde einfach nur immer lauter. Sie fing an, es zu bereuen, so viele Stakeholder zu dem Meeting eingeladen zu haben. Mit der Aufgabe betraut, ein neues Gesichtspflegeprodukt zu entwickeln, wollte Karen den Input und die Erfahrung von Personen aus verschiedenen Zielgruppen und Regionen einholen. Sie hatte außerdem Marktforschungen in Auftrag gegeben, um herauszufinden, wonach die Konsumenten suchten, jedoch waren die Ergebnisse nicht besonders aufschlussreich.

Steve, der Leiter der Asien-Pazifik-Region, brachte gute Argumente, um ein Produkt für seinen Zielmarkt zu entwickeln. Carla, die

Leiterin für den europäischen Markt, hatte jedoch ganz andere Anforderungen für ihren Zielmarkt. Karen hielt diese Differenzen für unüberwindbar. Gerade als sie für ihr eigenes Wohl eine Pause ankündigen wollte, ergriff Jamie, der Marketingleiter, das Wort. Erst da fiel Karen auf, dass Jamie im Gegensatz zu den anderen Leuten im Raum ziemlich still gewesen war.

„Okay", sagte Jamie. „Jeder hier hat gute Argumente und mit den Daten könnte man all die verschiedenen Ideen rechtfertigen. Ich frage mich, ob wir hier nicht etwas Radikales machen können, das vielleicht alle unsere Probleme löst."

Karen spitzte ihre Ohren. Sie arbeitete seit Jahren mit Jamie und wusste, wie kreativ er sein konnte. Wenn irgendjemand diese schlecht funktionierende Gruppe von Einzelkämpfern zusammenbringen konnte, war das Jamie.

Jamie fuhr fort: „Was wäre, wenn wir ein Produkt entwickeln würden, mit dem wir sowohl junge Männer als auch junge Frauen ansprechen? Die bevorzugte Verpackung aus dem Asien-Pazifik Raum können wir etwas an die europäischen Vorlieben anpassen. Da die empfohlenen Düfte alle aus der gleichen Familie von Duftstoffen stammen, nehmen wir den allseits beliebten Zitrusduft statt etwas Speziellerem wie Orange oder Granatapfel. Das Produkt könnte zum Beispiel gleichzeitig ein Peeling-, Reinigungs- **und** feuchtigkeitsspendendes Produkt sein, das die wichtigsten Vorlieben der Regionen Südamerika, Europa und Asien-Pazifik abdeckt…" Jamie sprach weiter und erklärte fachmännisch, wie man so gut wie jede gewünschte Anforderung in einem Superprodukt vereinen könne.

Als er fertig war, winkte er Karen zu, lächelte und setzte sich wieder hin. Er war sichtlich zufrieden mit dem Produkt, dass er gerade beschrieben hatte.

Alle anderen wurden still, als sie über Jamies Vorschlag nachdachten. Karen hörte sich selbst zum ersten Mal seit einer Stunde denken. Sie sah sich im Raum um und bemerkte, wie Steve sich in seinem Stuhl zurücklehnte und an die Decke starrte, während Carla ihren Kopf nach vorne beugte und die Finger an die Schläfen legte – ihre typische „Ich überlege, wie ich darauf reagiere"-Pose. Schließlich schienen alle Beteiligten zufrieden mit der Idee zu sein. All ihre Sorgen und Wünsche wurden bei der neuen Produktidee berücksichtigt.

Jamie sagte: „Was denkst du, Karen? Es scheint, als hätten wir eine Lösung, mit der wir alle zufrieden sind."

Karen wollte nicken, zögerte aber dann doch. Eigentlich hätte sie sich freuen sollen, aber irgendetwas fühlte sich nicht richtig an. Vielleicht lag es daran, dass sie noch nie erlebt hatte, dass diese Personen sich so einig waren. Oder es lag daran, dass sie das Gefühl hatte, dass es Jamie nicht darum ging, das bestmögliche Produkt für den Markt zu entwickeln, sondern einfach nur alle im Raum zufriedenstellen zu wollen.

„Das war eine tolle Zusammenfassung Jamie. Ich danke dir und allen anderen für euren Input und dafür, dass ihr bereit seid, Kompromisse einzugehen, um ein Produkt zu finden, hinter dem wir alle stehen…"

Sie schluckte bevor sie weitersprach.

„Irgendetwas fühlt sich allerdings nicht ganz richtig an. Ich glaube, ihr solltet nicht voreilig zustimmen, denn ich glaube **nicht**, dass es ein einziges Produkt geben kann, dass alle von euch und die Leute, die ihr repräsentiert, zufrieden stellen kann. Ich bin überzeugt davon, dass, wenn wir dieses Produkt tatsächlich entwickeln, alle zu 40 % zufrieden sein werden und keiner zu 90 % zufrieden sein wird."

Sie machte erneut eine kurze Pause.

„Ich will nicht der Produktmanager eines Kamels sein", sagte Karen.

Alle schauten sie ein wenig verwirrt an, daher erklärte sie:

„Es gibt ein Zitat von Alec Issigonis, das besagt, dass ein Kamel ein Pferd ist, das von einem Komitee entworfen wurde. Das bedeutet, dass man am Ende etwas bekommt, das inklusive der Kunden niemanden wirklich zufrieden stellt, wenn man versucht, alle zufriedenzustellen. Ich weiß Jamies Vorschlag zu schätzen, aber ich glaube, es ist das Beste, wenn ich da rigoros bin und wir mit einem exzellenten Produkt anfangen – mit dem Plan für verschiedene exzellente Produkte in der Zukunft – statt uns auf ein suboptimales Megaprodukt zu einigen."

Karen definierte dann gemeinsam mit dem Team die unterschiedlichen Produkte, die indirekt schon vorgestellt worden waren, und notierte die jeweiligen Merkmale auf verschiedenen Flipcharts. Jamie sollte sich darum kümmern, den wahren gemeinsamen Nenner zwischen den unterschiedlichen Produktideen zu identifizieren. Einer der Faktoren, den Karen zur Priorisierung der einzelnen Produktdesigns nutzte (neben der potenziellen Marktgröße, dem Einkommen der Zielgruppe und anderen grundlegenden Faktoren), war inwieweit sich jedes Produkt potenziell über die Zielgruppen und geografische Grenzen hinaus mit möglichst wenig Aufwand weiterentwickeln lassen würde. Auch wenn dieser Ansatz erst einmal komplizierter schien als der, den Jamie vorgeschlagen hatte, hatte Karen das Gefühl, das Richtige zu tun.

> Welche Ihrer persönlichen Werte könnten Sie hier sinnvoll einsetzen?
>
> Was ist Ihnen so wichtig, dass Sie dabei keinen Kompromiss eingehen möchten?

Für das Produkt eintreten

Product Owner stehen einer interessanten Herausforderung gegenüber, wenn es darum geht, zu verhandeln. Auf der einen Seite wissen sie, dass sie sich auf die Zufriedenstellung der Kunden und Nutzer konzentrieren müssen, wenn sie wollen, dass ihr Produkt ein Erfolg wird. Dazu gehört es, sich in die Stakeholder hineinzuversetzen, ihnen zuzuhören, ihre Probleme zu identifizieren und Lösungen für sie zu finden. Auf der anderen Seite wissen sie aber auch, dass nicht alle Nutzer das Gleiche wollen und sie daher immer eine oder mehrere Nutzergruppen nicht ganz zufriedenstellen können. Auch wenn sie eine Konfrontation mit Hilfe eines Kompromisses vermeiden könnten, wählen großartige Product Owner einen weniger bequemen Weg: Exzellenz durch Verhandlung.

> Wenn Sie ehrlich mit sich sind, wie oft schlagen Sie den richtigen aber schwierigeren Weg ein?
>
> Was denken Sie über andere Leute, die das tun?

In der Geschichte war Karen versucht, sich auf den Kompromiss einzulassen, den Jamie so sorgfältig ausgearbeitet hatte. Die meisten Leute hätte es wohl beruhigt und der Konflikt und die Streitereien wären beendet gewesen. Dennoch wusste Karen, dass dieser Kompromiss nicht die beste Lösung für das Produkt sein konnte. Sie erinnerte sich daran, dass es ihre Aufgabe war, ein exzellentes Produkt zu erschaffen – und nicht, so viele Stakeholder wie möglich zufrieden zu stellen.

Sich bewusst für eine Lösung zu entscheiden, die einige Nutzer enttäuschen wird, ist besonders schwierig für Leute, die es anderen immer recht machen wollen, die die Bedürfnisse anderer über ihre eigenen stellen und allem aus dem Weg gehen, was anderen Leuten missfallen könnte. Karen musste den Stakeholdern und auch Jamie, der sich wirklich Mühe gemacht hatte, einen Kompromiss zu finden, jedoch sagen, dass sie nicht diesen Weg einschlagen würden. Das ist nicht immer einfach.

> Gibt es einen Unterschied zwischen dem, was Ihr Kopf und Ihr Herz sagen?
>
> Haben Sie beide in Möglichkeiten in Erwägung gezogen?

In meinem Buch *The Coach's Casebook* nenne ich verschiedene Möglichkeiten, wie man die Tendenz, es anderen Menschen recht machen zu wollen, ins Gleichgewicht bringen kann. Wenn Sie beispielsweise in einer Situation sind, in der Sie sich vielleicht dafür entscheiden müssen, etwas zu tun, was unter Umständen andere

Personen enttäuschen wird, ist der erste Schritt gegen die damit verbundenen Ängste, die möglichen Folgen zu prüfen.

Fragen Sie sich folgende Fragen:

- Was glauben Sie, was passieren wird, wenn Sie „nein" sagen?
- Wie realistisch sind diese Konsequenzen, wenn Sie objektiv darüber nachdenken?
- Wenn diese Konsequenzen wirklich eintreten, war Ihre Entscheidung, „nein" zu sagen, der wirkliche Grund dafür?

Diese Fragen zu beantworten, macht es oft leichter, die richtige Entscheidung zu treffen.

Spiele für die Konsensfindung

Mit den verschiedenen Stakeholdern zu verhandeln, ist ein wichtiger Teil der Rolle eines Product Owners. Die Stakeholder zu ignorieren oder zu verärgern, ist nur selten von Erfolg gekrönt, aber jeden zufriedenstellen zu wollen, hat ebenso schlechte Chancen auf Erfolg. In solchen Fällen ist es nicht nur hilfreich, sich der Tendenz, andere zufriedenstellen zu wollen, bewusst zu sein und sie in den Griff zu bekommen, sondern auch, auf einige praktische Methoden zurückgreifen zu können. Methoden wie „Pass the cards" und „Priority Markets" können Ihnen dabei helfen, effektiv mit Ihren Stakeholdern zu verhandeln. Schauen wir uns diese beiden etwas genauer an.

Eine Möglichkeit ist die Methode **Pass the cards.** Diese Methode wird wegen seines Punktesystems manchmal auch 35 oder 49 genannt, aber der Einfachheit wegen und aus Respekt vor der Bezeichnung in Jean Tabakas *Collaboration Explained* nenne ich sie *Pass the cards.* Sie kann genutzt werden, um ein beliebiges Set konkurrierender Items wie Anforderungen, Features oder sogar Personas zu priorisieren. Sie kann sogar genutzt werden, um zu entscheiden, welche Ideen oder Themen weiter besprochen werden sollen und welche Maßnahmen man ergreifen sollte. In dieser Situation gehen wir davon aus, dass es verschiedene mögliche Features für das Produkt gibt und dass man sich für die wichtigsten entscheiden muss.

Bei dieser Methode braucht man eine gerade Anzahl an Teilnehmern (mindestens 8), einige leere Karteikarten und ausreichend Stifte für alle Beteiligten. Die Schritte sind folgende:

- Jedes potenzielle Feature wird auf eine separate Karteikarte geschrieben.
- Jede Person bekommt eine dieser Karteikarten und einen Stift.
- Es werden Paare gebildet, in denen die beiden jeweiligen Karten werden besprochen.
- Sobald jedes Paar die beiden Features kurz besprochen hat, sollen sie insgesamt 9 Punkte auf diese beiden Features anhand ihres relativen Werts verteilen. Wenn Karte 1 wertvoller ist als Karte 2, dann würde Karte 1 einen höheren Anteil der verfügbaren 9 Punkte erhalten. Beispielsweise könnte Karte 1 insgesamt 7 Punkte erhalten und Karte 2 noch 2 Punkte.
- Jedes Paar soll die Anzahl der Punkte auf die Rückseite jeder Karte schreiben.
- Nun tauscht jeder mit der Person, mit der er sich unterhalten hat, die Karten, sodass jeder eine andere Karte in der Hand hält. Das ist sehr wichtig.
- Jetzt beginnt die zweite Runde. Man wiederholt Schritt 3 indem sich jeder einen anderen Partner sucht und mit ihm die Karten vergleicht.

- Man führt mindestens 7 Runden durch und addiert dann die Punkte auf der Rückseite der Karten. Die Karten legt man nach Wert sortiert auf den Tisch. Jetzt kann man mit dem wertvollsten Item anfangen und sich nach unten arbeiten.
- Jetzt wo man einige Richtwerte hat, wird es wesentlich einfacher, weitere Features in die Skala einzuordnen, ohne erneut diesen Prozess wiederholen zu müssen. Man hört dann Dinge wie „Dieses Item ist dem hier sehr ähnlich" oder „Dieses Item ist wertvoller als dieses aber weniger wertvoll als jenes". Natürlich kann man diese Übung erneut mit weiteren Karten durchführen, wenn man das möchte.

Pass the cards ist eine einfache aber gute Methode für die Zusammenarbeit, bei der alle Beteiligten relativ schnell ihren Input geben können und man gleichzeitig größere Auseinandersetzungen vermeiden kann. Statt immer nur zu wiederholen, wie wichtig die eigene Idee ist, müssen die Stakeholder dabei nämlich im wahrsten Sinne des Wortes ihre Ideen weggeben und schauen, was andere darüber denken.

Außerdem sind viele kleine Diskussionen wesentlich einfacher und schneller als eine große Diskussion und man bekommt schnell einen guten Überblick über die verschiedenen Meinungen im Raum. Eine der Aufgaben eines Product Owners ist es, Gespräche zu allen größeren Unstimmigkeiten, die ihnen auffallen, in Gang zu bringen und zu moderieren.

Wessen Hilfe können Sie gebrauchen, um das Aushandeln einer Lösung zu vereinfachen?

Eine andere Verhandlungsmethode, die ich in verschiedensten Situationen verwende, nennt sich **Priority Markets** oder **Free Market Prioritisation**. Jason Haines und ich entwickelten und schrieben über diese Methode, während wir einer Investitionsbank dabei halfen, Scrum einzuführen.

Bei diesem marktbasierten Ansatz bekommt jeder Stakeholder eine gewisse Menge an virtuellem Geld in Form von Entwicklungsdollars, mit denen sie die Backlog Items bewerten können. Diese Methode ist fair und demokratisch, da alle Stakeholder sich in den Priorisierungsprozess einbringen können. Außerdem können alle Teilnehmer sehen, wie welches Backlog Item priorisiert wurde. Zudem ist die Methode leicht durchzuführen und lässt sich gut skalieren, auch wenn es eine große Anzahl an Stakeholdern und eine lange Liste mit Backlog Items gibt.

Schritt 0: Vorbereitung

Gehen wir einmal davon aus, dass es für das Projekt bereits ein Backlog mit Items für die Entwicklung gibt. Beispielsweise gibt es sechs Backlog Items mit unterschiedlichen Entwicklungskosten.

Der erste Schritt für den Product Owner ist es, die verschiedenen Stakeholder zu identifizieren, die an der Priorisierung beteiligt sein werden. Der PO weist den einzelnen Stakeholdern dann je nach deren Wichtigkeit im Projekt eine relative Gewichtung zu.

Der Einfachheit halber sagen wir, dass es vier Stakeholder gibt (John, Paul, George und Ringo), die dieselbe Gewichtung von 1,0 haben. (Später in diesem Kapitel werde ich erklären, wie man mit einer ungleichen Gewichtung der Stakeholder umgeht.)
Jetzt kommt das Konzept von Entwicklungsdollars ins Spiel. Entwicklungsdollars werden von den Stakeholdern genutzt, um auf Änderungen im System zu bieten und sie damit zu kaufen.

Zuerst erstellen wir eine „Bank" mit noch nicht zugewiesenen Entwicklungsdollars. Um den Prozess zu starten, geben wir eine initiale Menge an Entwicklungsdollars in das System. Die genaue Summe ist nicht so wichtig und wir können sie nach und nach anpassen. Man kann beispielsweise mit 10 Entwicklungsdollars anfangen.

Zu Beginn hat man eine Tabelle wie die in Abb. N-1:

	STAKEHOLDER			
	John (1.0)	Paul (1.0)	George (1.0)	Ringo (1.0)
Änderung A				
Änderung B				
Änderung C				
Änderung D				
Änderung E				
Änderung F				

Abb. N-1. Sechs Backlog Items und vier Stakeholder mit gleicher Gewichtung.

Schritt 1: Verteilung der Entwicklungsdollars

Nun werden die Entwicklungsdollars je nach Gewichtung auf die Stakeholder verteilt. Nach der Verteilung verfügt demnach jeder Stakeholder über ein gewisses Budget an Entwicklungsdollars.

Gesamtbudget	$40

	STAKEHOLDER			
	John (1.0)	Paul (1.0)	George (1.0)	Ringo (1.0)
Änderung A				
Änderung B				
Änderung C				
Änderung D				
Änderung E				
Änderung F				
Persönliches Budget	$0	$0	$0	$0

Abb. N-2. Beginnen Sie mit einer gewissen Menge nicht zugewiesener Dollars ($40).

Gesamtbudget	$0

	STAKEHOLDER			
	John (1.0)	Paul (1.0)	George (1.0)	Ringo (1.0)
Änderung A				
Änderung B				
Änderung C				
Änderung D				
Änderung E				
Änderung F				
Persönliches Budget	$10	$10	$10	$10

Abb. N-3. Teilen Sie das Gesamtbudget an Dollars unter den Stakeholdern entsprechend ihrer Gewichtung auf ($10 p.P.).

Schritt 2: Bieten

Mit ihren Entwicklungsdollars bieten die Stakeholder je nach Präferenz nun auf die einzelnen Backlog Items. Alle Entwicklungsdollars, die bereits geboten wurden, werden von dem persönlichen Budget des jeweiligen Stakeholders abgezogen. Das könnte wie folgt aussehen:

Gesamtbudget	$0

	STAKEHOLDER			
	John (1.0)	Paul (1.0)	George (1.0)	Ringo (1.0)
Änderung A				
Änderung B	$3		$2	
Änderung C		$7	$2	$2
Änderung D	$4	$1	$4	
Änderung E	$3	$2	$2	$1
Änderung F				$7
Persönliches Budget	$0	$0	$0	$0

Abb. N-4. Jeder Stakeholder verteilt seine Dollars auf die Product Backlog Items (PBIs), die für ihn die höchte Priorität haben.

Schritt 3: Berechnung der Priorität

Als nächstes wird der relative Wert jedes Items bestimmt, indem man errechnet, wie viele Entwicklungsdollars insgesamt auf das Item geboten wurden. Die Entwicklungskosten für jedes Backlog Item können dann von den Entwicklern geschätzt werden. Damit kann man dann den Return on Investment (ROI) jedes Backlog Items errechnen, indem man das Gesamtgebot durch die Entwicklungskosten teilt. Wenn man nun das Backlog absteigend nach ROI sortiert, bekommt man eine Prioritätenliste:

Gesamtbudget	$0

	STAKEHOLDER						
	John (1.0)	Paul (1.0)	George (1.0)	Ringo (1.0)	Gesamt-gebot	Entwick-lungs-kosten	ROI
Änderung F				$7	$7	2	3.5
Änderung D	$4	$1	$4		$9	4	2.3
Änderung B	$3		$2		$5	3	1.7
Änderung C		$7	$2	$2	$11	7	1.6
Änderung E	$3	$2	$2	$1	$8	5	1.6
Änderung A							
Persönliches Budget	$0	$0	$0	$0			

Abb. N-5. Nutzen Sie die Gesamtgebote und die Entwicklungskosten, um den ROI für jedes PBI zu finden. Die Priorisierung sollte mit Hilfe des ROI vorgenommen werden.

Einige Hinweise für die Priorisierung:

- Die Priorisierung nach ROI hilft dabei, Items in der Reihenfolge zu liefern, in der man mit möglichst wenig Geld das Meiste herausbekommt. Auch wenn *Änderung C* das höchste Gesamtgebot hat, gibt es dort auch die höchsten Entwicklungskosten, was sich auf die Platzierung in der Prioritätenliste auswirkt.

- *Änderung F* hat eine hohe Priorität, obwohl sie nur für einen Stakeholder wichtig ist. An der Tatsache, dass Ringo *Änderung F* 7 Entwicklungsdollars zugewiesen hat, erkennt man, dass sie wirklich wichtig für ihn ist.

- Auf *Änderung A* wurde nicht geboten, weshalb sie sich ganz am Ende der Liste befindet. In einem typischen Projekt gibt es normalerweise viele Items, auf die nicht geboten wird. Das ist sogar ein Vorteil der Methode, da sich die Stakeholder so auf eine begrenzte Anzahl von wichtigen Items im Product Backlog konzentrieren können. Items, auf die nicht geboten wurde, müssen zu diesem Zeitpunkt auch noch keine Einschätzung der Entwicklungskosten aufweisen.

Schritt 4: Arbeit für eine Iteration

Das priorisierte Backlog wird dann von den Entwicklern genutzt, um die Arbeit für die nächste Iteration zu planen. Wenn die Entwickler in der nächsten Iteration die Kapazität für die Fertigstellung der ersten beiden Items haben (Änderung F und D), werden diese beiden Items dann implementiert.

Schritt 5: Neuzuweisung der Entwicklungsdollars

Sobald die Änderungen F und D fertiggestellt werden, werden die ihnen zugewiesenen Entwicklungsdollars neu verteilt. Den beiden Änderungen wurden \$7 + \$9 = \$16 zugewiesen. Dieser Betrag fließt wieder in das Gesamtbudget zurück. Die fertiggestellten Features (F und D) werden dann aus der Tabelle entfernt.

Gesamtbudget	$16

	STAKEHOLDER						
	John (1.0)	Paul (1.0)	George (1.0)	Ringo (1.0)	Gesamt-gebot	Entwick-lungs-kosten	ROI
Änderung B	$3		$2		$5	3	1.7
Änderung C		$7	$2	$2	$11	7	1.6
Änderung E	$3	$2	$2	$1	$8	5	1.6
Änderung A					$0	2	0.0
Persönliches Budget	$0	$0	$0	$0			

Abb. N-6. Die fertiggestellten Features F & D werden aus der Tabelle entfernt. Die ihnen zugewiesenen Dollars kommen zurück ins Gesamtbudget.

Bei der nächsten Priorisierungsrunde werden diese Dollars dann wieder auf alle Stakeholder verteilt, statt sie den ursprünglichen Bietern zurückzugeben.

Gesamtbudget	$0

	STAKEHOLDER						
	John (1.0)	Paul (1.0)	George (1.0)	Ringo (1.0)	Gesamt-gebot	Entwick-lungs-kosten	ROI
Änderung B	$3		$2		$5	3	1.7
Änderung C		$7	$2	$2	$11	7	1.6
Änderung E	$3	$2	$2	$1	$8	5	1.6
Änderung A					$0	2	0.0
Persönliches Budget	$4	$4	$4	$4			

Abb. N-7. Die Dollars aus dem Gesamtbudget werden erneut anteilig unter den Stakeholdern aufgeteilt. Damit können sie entweder ihre aktuellen Gebote erhöhen oder ihre Gebote komplett neu aufteilen.

Achten Sie hier darauf, dass weder Ringo seine ursprünglichen $7 für Änderung F zurückbekommt, noch John, George oder Paul ihr Gebot für Änderung D zurückbekommen. Stattdessen wird der Gesamtbetrag der Änderungen D und F ($16) zu gleichen Teilen auf die vier Stakeholder aufgeteilt. Die Gebote für die noch verbleibenden Änderungen (B, C, E und A) bleiben erst einmal unverändert.

Sobald das Geld neu verteilt ist, geht man vor wie zuvor auch. Jeder Stakeholder bietet mit seinem persönlichen Budget auf die Items im Product Backlog. Sie können mit den neu verteilten Dollars entweder ihre bereits existierenden Gebote erhöhen oder die bereits verteilten Dollars ganz neu verteilen, wenn sich die Prioritäten geändert haben sollten. Für alle Items, auf die nun geboten wird, für die aber noch keine Entwicklungskosten berechnet wurden, wird dies nun getan.

Der ROI wird dann berechnet, indem man das Gesamtgebot durch die Entwicklungskosten teilt. Für die nächste Iteration steht nun eine neue priorisierte Liste bereit. Dadurch, dass man die Entwicklungsdollars neu verteilt und es den Stakeholdern erlaubt, die bestehenden Gebote zu ändern, kann man agil auf Veränderungen der Prioritäten der Stakeholder reagieren.

Das war es auch schon! Dieser Prozess wiederholt sich bei jeder Iteration. Nach jeder Iteration werden die ausgegebenen Dollars immer wieder neu verteilt.

Unterschiedliche Gewichtung der Stakeholder

Im oben genannten Beispiel war die Gewichtung für alle Stakeholder gleich. In einem echten Projekt wird es sicher einige Stakeholder geben, die wichtiger sind als andere. Beispielsweise können die Stakeholder, die nur ein paar Berichte aus einem System benötigen, weniger wichtig sein als die Stakeholder, die für die Datenerfassung zuständig sind.

Hier kann man die Methode „Priority Markets" anwenden, bei der man den verschiedenen Stakeholdern eine unterschiedliche Gewichtung zukommen lässt. Das beeinflusst, wie viele Entwicklungsdollars jeder Stakeholder zugewiesen bekommt.

Modifizieren wir das Beispiel einfach und verteilen die 40 Entwicklungsdollars anhand der verschiedenen Gewichtungen:

Gesamtbudget	$0						

	STAKEHOLDER						
	John (1.0)	Paul (1.0)	George (1.0)	Ringo (1.0)	Gesamt-gebot	Entwick-lungs-kosten	ROI
Änderung A						2	
Änderung B						3	
Änderung C						7	
Änderung D						4	
Änderung E						5	
Änderung F						2	
Persönliches Budget	$12	$10	$8	$10			

Abb. N-8. Das Gesamtbudget wird mit Hinblick auf die unterschiedliche Gewichtung der Stakeholder aufgeteilt, um einen genaueren ROI zu erhalten.

Hier können wir erkennen, dass John bei diesem speziellen Produkt der wichtigste Stakeholder ist, dass George am unwichtigsten ist und dass Paul und Ringo gleich wichtig sind. Wie viel Budget sie haben, hängt von ihrer relativen Bedeutung für das Produkt ab. Die Gewichtung zeigt auch, wie viel Entwicklungsaufwand jedem Stakeholder zusteht. In diesem Beispiel erhält John 50 % mehr Entwicklungsaufwand als George.

Festzulegen, wer die Stakeholder sind und welche individuelle Gewichtung ihnen beigemessen wird, kann eine politisch herausfordernde Aufgabe sein. Wenn die Stakeholder selbst eine solche Gewichtung nicht vornehmen können, sollte möglichst der Product Owner oder der Senior Product Owner diese Entscheidung treffen. Die Person, die diese Entscheidung trifft, sollte eher weiter oben in der Organisationshierarchie stehen.

In vielerlei Hinsicht ist die Gewichtung der Stakeholder wie der Budgetierungsprozess einer Geschäftsabteilung. Ein Vorteil dieses Ansatzes ist, dass das Management im Voraus nur eine einzige Entscheidung zu den relativen Prioritäten der Stakeholder für das Produkt treffen muss. Dadurch wird vermieden, dass sie die jeweiligen Vorzüge der einzelnen Backlog Items nicht mikromanagen müssen, und die Stakeholder bekommen dadurch mehr Kontrolle über die Priorisierung.

Vorteile von Priority Markets

Die Methode Priority Markets bietet allen Projektbeteiligten zusätzliche Vorteile. Erstens ist die Methode skalierbar was die Anzahl an Backlog Items angeht. In Projekten mit hunderten Backlog Items können sich die Stakeholder und das Entwicklungsteam bei dieser Methode allein auf die Änderungen konzentrieren, die von unmittelbarer Bedeutung sind. Auf diese Weise kann man verhindern, über jedes einzelne Item eines langen Backlogs mühsam zu diskutieren, wie es viele Teams immer wieder tun. Items, denen keine Entwicklungsdollars zugewiesen wurden, verbleiben im Backlog und können ggf. zu einem späteren Zeitpunkt in Erwägung gezogen werden.

Die Methode lässt sich auch gut skalieren, was die Anzahl der Stakeholder angeht. Jeder Stakeholder kann unabhängig von den anderen sein Gebot abgeben. Ein Stakeholder kann die Wichtigkeit seiner Änderung hervorheben, indem er darauf bietet. Damit umgeht man geschickt lange Diskussionen darüber, warum ein Backlog Item wichtiger ist als ein anderes. Zudem ist dieser Prozess sehr fair. Wenn die Backlog Items eines Stakeholders noch nicht umgesetzt wurden, wird er proportional mehr Entwicklungsdollars für zukünftige Iterationen zur Verfügung haben.

Außerdem ist die Priorisierung des Backlogs mit Priority Markets ein offener Prozess. Zu jedem Zeitpunkt kann jeder Stakeholder sowohl die Prioritäten der anderen Stakeholder sehen als auch, wie viel dafür geboten wurde. Die Prioritäten im Projekt werden öffentlich festgelegt und sind für alle transparent.

Der psychologische Faktor

Durch die Monetarisierung des Priorisierungsprozesses können interessante Verhaltensweisen an den Tag treten.

Feilschen: Die Stakeholder sehen die Gebote der anderen und können ihre eigenen Gebote entsprechend anpassen.

Handel treiben: Ein Stakeholder kann seine Entwicklungsdollars an einen anderen Stakeholder für andere Sachleistungen „verkaufen".

Taktisches Bieten: Aufgrund der anderen Gebote kann ein Stakeholder auf gewisse Items mehr oder weniger Entwicklungsdollars bieten.

Staatliche Intervention: Wenn der freie Markt Prioritäten erzeugt, die nicht mit dem strategischen Interesse des Projekts übereinstimmen, kann der Product Owner eingreifen und zusätzliche Entwicklungsdollars auf ein bestimmtes Item bieten. Wie bei jedem freien Markt kann die staatliche Intervention einige negative Konsequenzen mit sich ziehen: Geld, das zusätzlich in das System eingeführt wird, reduziert den Wert des bereits existierenden Geldes, was eine Inflation zur Folge hat, und Stakeholder fühlen sich vielleicht ihrer Rechte beraubt, wenn ihre Prioritäten übergangen werden.

Fazit

Es wird niemals eine perfekte Lösung für den schwierigen Prozess der Priorisierung geben. Pass the Cards und Priority Markets sind jedoch zwei effiziente und effektive Möglichkeiten, um die Tendenz, alle zufriedenstellen zu wollen, abzuschwächen, welche Sie vielleicht bisher bei Ihren Verhandlungen geplagt hat. Beide Methoden geben den Stakeholdern die Chance, sich direkt am Priorisierungsprozess zu beteiligen. Außerdem werden Pattsituationen und Streitereien reduziert.

Im Folgenden werde ich auf eine andere weitverbreitete Charaktereigenschaft eingehen, die Verhandlungen erschweren kann: Perfektionismus.

Manche Leute rühmen sich so sehr damit, Perfektionisten zu sein,
als sei es eine besondere Auszeichung.

Fehler machen und daraus lernen

Gute Product Owner vermeiden schlimme Fehler.
Großartige Product Owner machen früh gute Fehler.

Würden Sie sich selbst als Perfektionist beschreiben?

Perfektionismus ist eine interessante Eigenschaft. Der Wunsch, perfekt zu sein, ist in der gesamten Bevölkerung weit verbreitet. Sogar so sehr, dass einige Leute sich selbst als Perfektionisten beschreiben und so tun als sei es eine ganz besondere Auszeichnung. Tatsächlich gaben 65 % von 200 Personen, die ich bei meiner Coachingarbeit dazu befragt habe, an, ihr Hang zum Perfektionismus sei „etwas übertrieben" oder „sehr übertrieben".

Hohe Ansprüche zu haben, hat viele positive Seiten, besonders in der Welt der Produktentwicklung. Kunden wollen keine Mittelmäßigkeit, vor allem wenn die Konkurrenz groß ist und ihre Wahlmöglichkeiten endlos zu sein scheinen. Aufsichtsbehörden werden kein Produkt akzeptieren, das „einigermaßen" die regulatorischen Bedingungen erfüllt. Als Product Owner müssen Sie also darauf vorbereitet sein, rigoros zu verhandeln – mit Stakeholdern, die zusätzliche Features fordern, mit Entwicklungsteams, die ein Technologieupdate wollen, und manchmal auch mit sich selbst, wenn es um Ihren Wunsch nach einem perfekten Produkt geht.

Fühlen Sie sich stolz bei dem Gedanken, ein Perfektionist zu sein?

Der Perfektionismus hat aber auch eine dunkle Seite. Viele Product Owner, die ihren Perfektionismus nicht unter Kontrolle haben, versuchen, das Produkt direkt beim ersten Versuch perfekt hinzubekommen. Sie sind nicht in der Lage, schwere Entscheidungen zu treffen, um iteratives Arbeiten zu ermöglichen, und sind daher auch nicht in der Lage, durch Feedback zu lernen und ein perfektes Produkt nach und nach entstehen zu lassen.

Eine weitere Falle, in die perfektionistische Product Owner tappen können, ist, nicht zu wissen, wann sie die Entwicklung von Features oder Designs abbrechen sollten. Die Versuchung, hier und da nur ein kleines Extra hinzuzufügen, ist groß. Diese „kleinen Extras" summieren sich aber schnell und können schnell zu erheblichen Verzögerungen im Entwicklungsprozess führen, ganz zu schweigen von einem unnötig aufwendigen Support des Produkts.

> Wann hat der Perfektionismus Sie selbst oder Ihre Produkte geschädigt oder behindert?

Perfektion ist ein fast unmögliches Ziel; eines, das nicht nur Sie selbst sondern auch andere einschüchtert und hemmt. Großartige Product Owner wissen, wie sie ihren Perfektionsdrang in den Griff bekommen und dennoch exzellente Produkte erschaffen.

Den Perfektionsdrang hinterfragen

Ein übersteigerter Perfektionsdrang hat nicht nur große Auswirkungen auf ein Produkt oder eine Dienstleistung, er hat auch Auswirkungen auf die Person selbst. Personen mit dieser Eigenschaft konzentrieren sich häufig nur noch auf das endgültige Resultat, können den Weg dorthin aber nicht mehr genießen und verlieren in Folge dessen den Spaß an ihrer Arbeit. Hohe Ansprüche zu haben, führt in vielen Fällen zu großartigen Ergebnissen. Wenn diese Ansprüche jedoch unrealistisch werden, sind Unzufriedenheit und oft auch ein Burnout die Folge.

In seinem Buch *Improv-ing Agile Teams: Using Constraints To Unlock Creativity* schreibt Paul Goddard darüber, wie mächtig das Tragen eines Hutes ist, wenn es darum geht, anders zu denken oder zu handeln. Er erklärt, dass „Hüte, Masken und Kostüme Leuten helfen können, einen besseren Zugang zu ihren Ideen zu bekommen, da sie ihnen das Gefühl geben, sich in die Gedanken einer anderen Person einfühlen zu können".

Wenn Sie das Gefühl bekommen, dass Ihr Perfektionismus etwas übertrieben ist, dann können Sie jemandem im Product Owner Team bitten, den „Unvollkommenheitshut" zu tragen: die Persona von jemandem anzunehmen, dessen Rolle es ist, Ihren Perfektionismus zu hinterfragen und Argumente dafür zu bringen, Ihre Ansprüche etwas herunterzuschrauben. Das wäre natürlich kein Vollzeit-Job. Man kann einfach einen bestimmten Hut (z.B. einen Panama Hut) mit zu den Meetings bringen und jemanden bitten, ihn zu tragen und in dem Meeting diese Rolle einzunehmen.

Abb. N-9. Ein Unvollkommenheitshut kann Ihnen helfen,
besser mit Ihrem Perfektionismus umzugehen.

Auch für sich selbst können Sie einen Unvollkommenheitshut nutzen. Setzen Sie ihn immer dann auf, wenn Sie über die Priorisierung oder ein minimales Set an Features oder eine andere Entscheidung nachdenken, bei der Sie Ihren Perfektionismus loslassen möchten. Auf diese Weise können Sie sich angewöhnen, mit sich selbst zu verhandeln.

Prüfen, wer Sie beeinflusst

Viele Menschen finden die Methode **Inner Boardroom** sehr hilfreich, wenn es darum geht, ihren Perfektionsdrang in den Griff zu bekommen. Bei dieser Methode werden Sie aufgefordert, sich vorzustellen, Sie hätten einen persönlichen Aufsichtsrat für Ihr Leben. In diesem Gremium sind verschiedene Personen – echte und imaginäre – die auf Sie und Ihr Leben Einfluss nehmen.

Diejenigen, deren Perfektionsdrang aus dem Gleichgewicht geraten ist, finden dann bei einem Blick auf ihr Gremium heraus, dass ihnen vielleicht ein starker, rigoroser oder vereinfachender Einfluss fehlt. Wenn ich Product Owner coache, bitte ich sie häufig, zu prüfen, wer sie beeinflusst, und dann bewusst zu entscheiden, wer in ihrem inneren Gremium sein sollte.

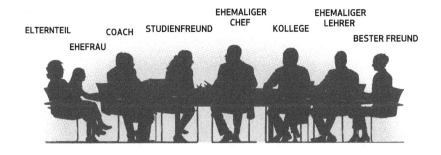

Abb. N-10. Wer sitzt momentan in Ihrem „Inner Boardroom"?

Natürlich hat ein großartiger Product Owner vielleicht sogar schon eine tatsächliche Gruppe von Personen um sich versammelt, um Einfluss auf ihn zu nehmen – das Product Owner Team. Die Inner Boardroom Methode kann auch genutzt werden, um herauszufinden, wer in diesem Team ist bzw. sein sollte, um für das Produkt auf effektive Weise den goldenen Mittelweg zwischen den beiden Extremen Perfektion und übertriebener Simplifizierung zu finden.

Haben Sie die richtigen Stimmen und Meinungen in Ihrem Product Owner Team, um ein gutes Gleichgewicht zwischen Perfektionismus und zu starker Vereinfachung zu finden?

Ein perfektes Inkrement nach dem anderen

Es ist eine Sache, zu verstehen, dass das Produkt nicht perfekt sein kann; es ist eine andere, zu wissen, wie man effektiv aushandeln kann, was genau geliefert werden soll. Großartige Product Owner wissen, dass sie sich eine „Alles-oder-Nichts"-Einstellung nicht erlauben können. Stattdessen loten sie alle Möglichkeiten mit einem empirischen Ansatz wie Scrum aus und konzentrieren sich auf „kontinuierliche Exzellenz" statt auf Perfektion.

In der ersten Geschichte holte Karen sich für die schweren Entscheidungen Rat bei Fachexperten. Als Jamie ein Kompromiss-Produkt vorschlug, das fast alle Anforderungen der Stakeholder abdeckte, war Karen versucht, diese einfache Lösung zu wählen. Allerdings war sie erfahren genug, zu wissen, dass sie nur die Features auswählen durfte, die für das Produkt am besten waren, auch wenn die Argumente der Stakeholder und die Daten widersprüchlich und überwältigend zu sein schienen.

Karen entschied sich letztlich für einen strategischen – und agilen – Ansatz für die inkrementelle Lieferung. Sie nahm die verschiedenen Aspekte der Lösung, die Jamie vorgeschlagen hatte, und priorisierte sie rigoros, um möglichst früh konkrete Werte liefern zu können, statt nur eine große Auslieferung zu einem späteren Zeitpunkt zu haben. Das kann für viele Product Owner, die den Wert in all den wichtigen Anforderungen und potenziellen Optionen erkennen können, recht schwer sein. Wichtig ist es in diesem Fall, Perfektion so zu definieren, wie es am hilfreichsten ist: Besser ein perfektes Inkrement des Produkts liefern als ein komplettes perfektes Produkt.

Wie sieht ein perfektes Teilstück Ihres Produkts aus?

Großartige Product Owner würden immer lieber ein kleineres Publikum wirklich glücklich machen, als eine größere Gruppe nur gerade so zufriedenzustellen. Sie verengen den Fokus für das Produkt, was einen geringeren Entwicklungsaufwand und ein günstigeres – und schnelleres – Release des Produkts zur Folge hat. Es kann gut sein, dass der Product Owner bei diesem initialen Produkt bemerkt, dass die falschen Features ausgewählt oder erwünschte Features ausgelassen wurden. Statt dies als Fehler anzusehen, wissen großartige Product Owner, dass sie nur ein Minimum an Geld ausgegeben haben, um wertvolle Informationen zu erhalten.

Verstehen Sie mich bitte nicht falsch. Ich behaupte nicht, dass es eine schlechte Idee ist, viele Experten zu konsultieren und die Dinge gründlich zu überdenken. Fehler zu vermeiden, die durch überstürzte Entscheidungen oder das Ignorieren von Daten oder wichtigen Fakten hervorgerufen werden, ist eine gute Sache. Großartige Product Owner wissen aber auch, dass die Kombination aus einem geringeren Entwicklungsaufwand und schnellerem Feedback es ihnen erlaubt, ihren Fokus schneller (und mit viel größerer Genauigkeit) auf das nächste Ziel auszurichten.

Gute Fehler machen

Der Wunsch, perfekt zu sein, hat große Auswirkungen auf unsere Fähigkeit, etwas zu beginnen und vorwärts zu kommen. Gute Product Owner haben hohe Ansprüche für ihr Produkt und arbeiten unermüdlich daran, es zu dem bestmöglichen Produkt zu machen, das es sein kann. Die besten Product Owner hingegen erkennen, wann es zu viel wird, und verhandeln unermüdlich, um das Produkt zu vereinfachen.

Die Begriffe Minimal Viable Product (MVP) und Lean Startup sind bei dem Versuch entstanden, stärker auf das Bedürfnis von Produktmanagern einzugehen, sich rein auf das Wesentliche zu konzentrieren. Das Pareto-Prinzip (auch bekannt als 80/20-Regel) besagt, dass ca. 80 % des Wertes durch 20 % des Gesamtaufwandes erreicht werden. Dies ist seit 1896 eine gängige Daumenregel in vielen Branchen.

Und trotzdem finden wir es äußerst schwierig, Dinge zu vereinfachen und etwas Unvollkommenes zu liefern. Ökonom und Autor

Tim Harford setzte sich in seinem TED Talk *„Trial, Error and the God Complex"* für einen umfangreicheren Einsatz von Versuch und Irrtum in allen Bereichen ein, inklusive der Produktentwicklung. Mit einem Zitat von Goro Shimura über das Leben seines Freundes Yutaka Taniyama gibt er jedoch zu, dass dies nicht immer einfach ist: „Er hat viele Fehler gemacht. Aber er hat Fehler in die richtige Richtung gemacht. Ich habe versucht, es ihm gleichzutun. Aber ich habe gemerkt, dass es sehr schwer ist, gute Fehler zu machen."

Haben Sie schon Fehler gemacht, die hilfreich waren?

Welche Fehler wären es wert, jetzt gemacht zu werden?

Früh in meiner Karriere hatte auch das Unternehmen, für das ich damals arbeitete, die gleichen Schwierigkeiten, Fehler zu machen. Unsere Unternehmenskultur forderte, beim ersten Mal alles richtig zu machen. Also planten, planten und planten wir in der Hoffnung, sicherstellen zu können, dass am Ende alles richtig sein würde. Mit den Jahren wurden die Projekte und Technologien immer komplizierter und es wurde immer schwerer, dieses Ziel zu erreichen, egal wie lange wir versuchten, alles auszuarbeiten. Zur gleichen Zeit schafften es unsere Konkurrenten, ihre Produkte schneller auf den Markt zu bringen, als wir unsere planen konnten. Die Zeiten hatten sich geändert.

An welchem Punkt wird „beim ersten Mal richtig" zu „zu spät falsch"?

Wie weit sind Sie von diesem Punkt entfernt?

Ein weiteres Problem von uns war, dass wir sogar nach all unserer akribischen Planung oft das falsche Produkt lieferten. Technisch gesehen war alles korrekt, weil wir die Anforderungen erfüllten, auf die wir uns vorab geeinigt hatten. Aber da sich im Laufe des Projekts so viel geändert hatte (in Hinblick auf Technologie und Verständnis), lieferten wir Dinge, die nicht mehr benötigt wurden. Wir nannten diese Projekte technische Erfolge, da sie technisch gesehen erfolgreich waren: wir lieferten die vorab definierten Anforderungen pünktlich und blieben dabei innerhalb des Budgets. In Wirklichkeit waren diese Projekte natürlich ein Fehlschlag, da sie für unsere Kunden quasi keinen Wert hatten.

Wir fingen an, zu verstehen, dass sich unsere Definition von „beim ersten Mal richtig" ändern musste. Und es musste jemand von hohem Rang im Unternehmen sein, der das offiziell aussprechen würde. Diese Person setzte eine Telefonkonferenz an, an denen alle Mitglieder der Organisation teilnehmen sollten, und erklärte darin, dass sich unsere „Definition von Fehlschlägen" ändern werde. Er sagte, von nun an müsse man Fehlschläge nicht mehr fürchten; sie seien ein akzeptables Resultat, solange wir nur schnell und ohne große Kosten scheitern und nicht zweimal den gleichen Fehler machen würden. Das ebnete uns den Weg dafür, unsere Pläne zu minimieren, die Produktion zu maximieren und einen kreativeren und innovativeren Ansatz für die Lösungsfindung auszuarbeiten.

Gute Fehler sind daher Fehler, die:

- ohne böse Absichten geschehen und mit denen man nur das Beste für das Produkt erreichen wollte, statt lediglich die einfachste Lösung zu wählen oder Angst vor einer Fehlentscheidung zu haben.
- es uns erlauben, schnell und kostengünstig herauszufinden, was funktioniert und was nicht.
- uns so lange wie möglich so viele Optionen wie möglich offen halten.
- das Risiko im Projekt früh reduzieren.

Product Owner müssen sich wohl fühlen bei dem Gedanken, gute Fehler zu machen, und auch die Entwicklungsteams dazu ermutigen, gute Fehler zu machen.

Eine neue Dimension durch Story Mapping

Eine Möglichkeit, sich und anderen Menschen Fehler schmackhafter zu machen, ist, Risiken für das Produkt so früh wie möglich zu identifizieren und zu reduzieren (wenn nicht sogar zu verhindern). Das erreicht man am besten, indem man das Product Backlog – also die priorisierte Liste der Nutzerbedürfnisse, die sich permanent durch neues Wissen und veränderte Konditionen weiterentwickelt – rigoros priorisiert und strukturiert. Mit einer priorisierten Liste an Arbeit können sich Product Owner sicher sein, dass das Entwicklungsteam immer an den wertvollsten Items arbeitet und gleichzeitig möglichst wenig Aufwand für unnötige akribische Planung betreibt. Immer mehr der wirklich großartigen Product Owner zeigen die Bedürfnisse des Produkts jedoch mit Hilfe von Story Maps in zwei Dimensionen auf (statt mit Hilfe eines eindimensionalen Product Backlogs).

Story Mapping ist wahrscheinlich eine logische Konsequenz der Einschränkungen einer eindimensionalen Liste von Arbeiten. Tatsächlich nutzten die Teams, mit denen ich 2001 bei BT arbeitete, einen ganz ähnlichen Ansatz. Allerdings schreibe ich die Methode demjenigen zu, von dem ich als Erstes darüber las: *Jeff Patton*. Dazu muss man jedoch sagen, dass er nicht behauptet, dass es seine Erfindung sei, sondern dass sicher auch schon andere die gleiche Idee hatten.

Beim Erstellen einer Story Map benötigen Sie eine Wand, einen Tisch, Boden oder Bildschirm (oder ein anderes Medium Ihrer Wahl); Hauptsache, die Fläche ist groß genug für die Story Map! Beginnen Sie damit, die **Nutzeraktivitäten** als horizontale Linie am oberen Rand der Story Map darzustellen. Jeff beschreibt Nutzeraktivitäten als „irgendetwas Großes, das die Leute tun – etwas mit vielen einzelnen Schritten und etwas, das nicht immer einem genauen Arbeitsablauf folgt". Für mich persönlich sind dies die Hauptfunktionen eines Produkts oder Services. Andere Product Owner, die sich eher an dem Konzept von **User Stories** orientieren, nutzen vielleicht lieber die Begriffe **Theme** oder **Epic**.

Diese Nutzeraktivitäten werden typischerweise in chronologischer Reihenfolge ihrer Ausführung dargestellt, mit frühen Interaktionen auf der linken Seite und späteren Interaktionen auf der rechten Seite. Beispielsweise sucht man normalerweise in einem Online-Shop erst nach einem gewissen Produkt, fügt es dann seiner Wunschliste oder dem Warenkorb hinzu und geht danach weiter zur Kasse. Die Nutzeraktivitäten wären in diesem Fall von links nach rechts: „Ein Produkt suchen", „Zum Warenkorb hinzufügen" und dann „Zur Kasse gehen und bezahlen". Perfektionisten haben unter Umständen

Schwierigkeiten, eine eindeutige, lineare Reihenfolge auszuarbeiten. Wenn Sie selbst merken, dass Sie sich nicht für eine Reihenfolge entscheiden können, denken Sie daran, dass dies keine perfekte Darstellung aller möglichen Szenarien sein muss, sondern lediglich eine, die gut genug ist, um planen können.

Unter jede dieser Aktivitäten kommen die **User Tasks** – wie Jeff sie nennt. Dies sind kleinere Items an Funktionalität, die dazu beitragen, die oben genannte Aktivität zu ermöglichen. Diese Elemente werden auch **User Stories** genannt. Auch sie werden wieder geordnet; Stories mit höchster Priorität stehen ganz oben. Unter der Nutzeraktivität „Ein Produkt suchen" könnten beispielsweise Tasks stehen wie: „Nach Produktbezeichnung suchen", „Nach bereits bestellten Produkten suchen" und „Ähnliche Produkte suchen".

Und schließlich stehen unter den jeweiligen **User Tasks** eine Reihe von untergeordneten Sub-Tasks bzw. weitere Einzelheiten, auch Task-Details genannt. Ein Task wie z.B. „Nach bereits bestellten Produkten suchen" könnte dann Task-Details haben wie „Bereits bestellte Produkte speichern", „Bereits bestellte Produkte anzeigen" und vielleicht auch „Bereits bestellte Produkte filtern".

Die Standardstruktur für Story Maps kann z.B. folgendermaßen aussehen:

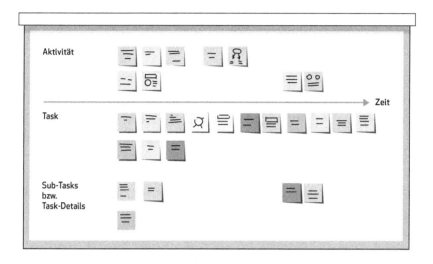

Abb. N-11. Eine Story Map hilft Ihnen dabei,
das Produkt in verschiedenen Dimensionen zu visualisieren.

Dieser mehrdimensionale Ansatz bietet allen Stakeholdern eine bessere Übersicht über das Gesamtbild. Es hilft außerdem dem Product Owner, zu visualisieren, wie man das Produkt in wertvolle Releases aufteilen kann, da alle notwendigen Aspekte des Produkts berücksichtigt werden und es eben nicht nur ein Stapel priorisierter Items ist, die man eins nach dem anderen abarbeitet.

Fazit

Agile Product Owner sind sich bewusst, dass sie kaum Chancen haben werden, den Luxus der Perfektion zu erfahren. Großartige Product Owner nehmen diese Tatsache an und finden Möglichkeiten, früh und günstig Fehler zu machen, um schnellstmöglich mehr über das Produkt zu erfahren. Auch wenn es paradox erscheinen mag: **großartige Product Owner machen Fehler, um sich zu verbessern.**

Wie bereits erwähnt sind erfolgreiche Product Owner entscheidungsfreudig und unerbittlich. Allerdings muss ein Product Owner auch offen sein für Verhandlungen mit verschiedensten Stakeholdern, um ein insgesamt rundes Produkt erschaffen zu können. Großartige Product Owner wissen daher, dass sie auch bereit sein müssen, zu verhandeln, da sie mit großer Wahrscheinlichkeit in irgendeiner Weise Kompromisse machen müssen, sei es im Hinblick auf Funktionalität, Zeit oder sogar beides.

Mit den DRIVEN-Eigenschaften ein großartiger Product Owner werden

Gute Product Owner wissen agile Tools
und Artefakte zu nutzen.
Großartige Product Owner nutzen
die DRIVEN-Eigenschaften.

In diesem Buch habe ich Möglichkeiten aufgezeigt, wie gute Product Owner großartige Product Owner werden können, um in einer Welt erfolgreich sein zu können, in der sich die Bedürfnisse der Kunden, die Technologie und die Marktbedingungen schnell verändern. Großartige Product Owner verfügen über die DRIVEN-Eigenschaften: Decisive (entscheidungsfreudig), Ruthless (unerbittlich), Informed (gut informiert), Versatile (flexibel), Empowering (ermächtigend) und Negotiable (verhandlungsfähig). Großartige Product Owner sind **entscheidungsfreudig** und kommen daher gut mit Unvorhersehbarkeit klar. Sie wissen, wie wichtig es ist, trotz

Perfektionismus voranzukommen und gleichzeitig Entscheidungen bis zum letzten verantwortbaren Moment hinauszuzögern. Somit sammeln sie möglichst viele Daten und reduzieren die Kosten falscher Entscheidungen. Außerdem sind sie bescheiden genug, um auch andere in den Entscheidungsfindungsprozess einzubeziehen und so Qualität und Schnelligkeit von Entscheidungen sicherzustellen, die Motivation zu steigern und sich auf die wichtigsten Themen konzentrieren zu können.

Nicht nur in diesem Punkt müssen Product Owner ab und zu **unerbittlich** sein. Um großartige Produkte erschaffen zu können, müssen großartige Product Owner unerbittlich priorisieren. Oft ist es nicht möglich, alles zu liefern, und mit Sicherheit ist es nicht möglich, alles auf einmal zu liefern. Aus diesem Grund arbeiten großartige Product Owner unermüdlich daran, sich auf die absolut wichtigsten Bereiche zu konzentrieren. Um das zu schaffen, müssen sie häufig gegen ihre Tendenz ankämpfen, andere zufriedenstellen zu wollen, und sich stattdessen darauf konzentrieren, was das Beste für das Produkt ist.

Großartige Product Owner sind bereit, kalkulierbare Risiken in einem unsicheren Umfeld einzugehen. Allerdings sind sie auch immer bereit, alles dafür zu tun, Verluste zu minimieren, sollten die empirischen Daten, die sie sammeln, darauf hinweisen, dass sich eine Investition schlicht und einfach nicht lohnt. Das ist nicht ganz einfach, da es bedeutet, Stakeholder enttäuschen zu müssen oder eigene Ideen loszulassen. Aber strategisch und objektiv zu denken, während man sich gleichzeitig ein wenig in Achtsamkeit übt, kann diesen Aspekt der Rolle etwas vereinfachen.

Die empirischen Daten, die Product Owner durch einen iterativen und inkrementellen Entwicklungsprozess wie Scrum sammeln, helfen ihnen auch dabei, besser **informiert** und somit effektiver zu sein. Auch wenn sie so viele Informationen wie möglich über den Markt, die Nutzer, die Technologie und das Produkt in Erfahrung bringen, ist großartigen Product Ownern bewusst, dass sie mit hoher Wahrscheinlichkeit mit unvollständigen Informationen und einem gewissen Grad an Ungewissheit klar kommen müssen.

Außerdem arbeiten großartige Product Owner daran, sich besser über sich selbst, ihre kognitive Voreingenommenheit und ihre Verständnislücken zu informieren. Und sie wissen auch, dass sie nicht nur die Fragen des Teams beantworten müssen, sondern dass sie auch bereit sein müssen, das kollektive Wissen des Teams durch neugierige, bescheidene, aufschlussreiche, uneingeschränkte und direkte Fragen anzuzapfen.

Zu wissen, wann man Fragen beantworten und wann man Fragen stellen sollte, ist ein gutes Beispiel für einen **flexiblen** Product Owner. Es spricht viel dafür, dass ein Product Owner einem Team, das in einem ungewissen und sich verändernden Umfeld agiert, Klarheit und Halt bietet. Dennoch achten die besten Product Owner darauf, dass ihre Verlässlichkeit sich nie in Rigidität verwandelt. Sie passen ihren Führungsstil den Umständen an, bauen eine gute Beziehung zum Team und den Stakeholdern auf und bewahren sich gleichzeitig ihre Professionalität, um die notwendigen Konversationen zu führen.

Großartige Product Owner sind zudem von Natur aus flexibel, was das Produkt angeht. Sie können eine klare und überzeugende Vision für das Produkt erstellen und formulieren und bleiben ihr treu, solange sie aufrechterhalten werden kann. Darüber hinaus verfeinern sie diese Vision unerbittlich, sobald der empirische Produktentwicklungsprozess neue Informationen ans Licht bringt.

Vom Product Owner wird erwartet, dass er der Owner der Vision des Produkts ist und Enthusiasmus, Unterstützung und Einsatz für diese Vision an den Tag legt. Er managt das Product Backlog und die Stakeholder, um das Produkt zu liefern und gleichzeitig den Return on Investment zu maximieren. Von Product Ownern wird daher erwartet, eine klare Führungsposition einzunehmen. Das bedeutet aber nicht, dass sie als Führungskraft immer vorangehen müssen. Großartige Product Owner **ermächtigen** ihre Teams. Sie streben danach, die Entwicklungsteams einzubeziehen und arbeiten mit ihnen auf partnerschaftlicher Ebene zusammen. Sie überwinden etwaige Vertrauensängste, indem sie passende Teammitglieder einstellen, die Weiterentwicklung von Individuen und Teams fördern und ein respektvolles und offenes Verhältnis zum Team aufbauen.

Bei der Arbeit mit einem Entwicklungsteam entwickeln und verbessern großartige Product Owner Strategien, die das Entwicklungsteam ermächtigen und motivieren, proaktiv, kreativ und innovativ arbeiten zu können, beispielsweise indem sie ihnen statt konkreter Anforderungen, die sie umsetzen sollen, Probleme an die Hand geben, für die sie selbst eine Lösung finden dürfen (oder ihnen Stories erzählen, die sie umsetzen können).

Und schließlich wissen alle großartigen Product Owner, dass sie in der Lage sein müssen, zu **verhandeln**, wenn sie erfolgreich sein möchten. Es ist kaum möglich, jeden zufriedenzustellen und gleichzeitig das bestmögliche Produkt zu erschaffen. Zum Wohle des Produkts ist es daher von elementarer Bedeutung, mit allen Stakeholdern verhandeln zu können. Allerdings wissen großartige Product Owner auch, dass das gelieferte Produkt nicht perfekt sein wird und verhandeln daher über die einzelnen Features, um das nächste perfekte „Teilstück" des Produkts auf inkrementelle Weise liefern zu können.

Iterative und inkrementelle Produktentwicklung geht zwangsläufig auch immer mit Fehlern einher. Großartige Product Owner vermeiden schlimme Fehler und setzen sich gleichzeitig immer mit ihrem Perfektionismus auseinander, weil sie verstanden haben, wie wertvoll es ist, früh gute Fehler zu machen (oder anders ausgedrückt: sie maximieren den Lerneffekt).

Ein agiler Product Owner zu sein, ist ein harter Job, aber auch ein sehr bereichernder. Es gibt viele Tools und Artefakte, die die praktische Seite der Rolle wesentlich leichter machen, aber egal was für eine Art Produkt oder Service wir entwickeln, es werden immer Menschen am Entwicklungsprozess beteiligt sein. Aus diesem Grund ist der wohl größte Unterschied zwischen guten und großartigen Product Ownern, wie sehr sie die subtilen, sozialen und zwischenmenschlichen Eigenschaften verinnerlicht haben, die sie für die Ausübung dieser Rolle benötigen.

Ich hoffe, dass dieses Buch Sie dazu inspiriert hat, mit Hilfe der DRIVEN-Eigenschaften ein besserer Product Owner zu werden.

Anhang

Was ist Scrum?

Scrum ist ein agiles Framework, was bedeutet, dass es unter den Oberbegriff des Agilen Manifests fällt und daher auch die gleichen Werte und Prinzipien aufweist. Das Ziel von Scrum ist es, ein Framework zu bieten, um in der Produktentwicklung bzw. in Projekten agil arbeiten zu können – also bei Arbeiten, die entweder eine fixe Deadline oder (in manchen Fällen) einen fixen Umfang haben. Den meisten Nutzen bietet Scrum normalerweise in einem Umfeld mit hoher Komplexität, großer Ungewissheit und/oder Anfälligkeit für häufige Veränderungen.

Für Scrum-Projekte sind drei Rollen definiert: der Product Owner, der ScrumMaster und das Entwicklungsteam. Zusammen bilden diese drei Rollen das Scrum Team. Grob verallgemeinert kann man sagen, dass der Product Owner bestimmt, was gebaut werden soll, das Entwicklungsteam entscheidet, wie es gebaut wird, und der ScrumMaster sorgt dafür, dass das Entwicklungsteam und der Product Owner diese Aufgaben auch tatsächlich erfüllen können.

Am Anfang des Scrum Frameworks steht der Product Owner, der eine Vision für das Produkt oder das Projekt schafft – also quasi den Grund für die Existenz und Finanzierung dieser Arbeiten. Scrum ist ein empirisches und heuristisches Framework, d. h. man geht davon aus, dass die Projektanforderungen im Laufe des Projekts entstehen. Daher ist das Ziel des Projekts auch so essenziell wichtig, denn der Erfolg des Projekts wird nicht daran gemessen, ob die Anforderungen erfüllt wurden, sondern ob die Vision erreicht wurde oder nicht. Das soll nicht bedeuten, dass es in Scrum keine

Anforderungen gibt – natürlich gibt es sie und sie werden zu etwas zusammengefasst, was in Scrum das Product Backlog genannt wird.

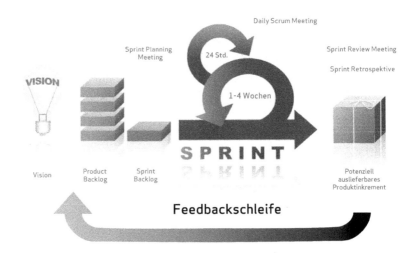

Das Product Backlog verändert sich ständig, es wird aber immer wieder neu vom Product Owner priorisiert und vom Entwicklungsteam eingeschätzt, damit ein Plan für die anstehenden Arbeiten ausgearbeitet werden kann. Viele Scrum Teams beginnen mit der Erstellung eines Releaseplans und bekommen so einen ersten Überblick über die Durchführbarkeit des Projekts. Der Releaseplan gibt anhand des priorisierten und eingeschätzten Product Backlogs bereits grobe Antworten auf die Fragen „Wie lange werden wir für diese Menge an Product Backlog Items brauchen?" oder „Wie viel unseres Product Backlogs werden wir in diesem bestimmten Zeitraum erledigen können?".

Unabhängig davon, ob ein Team einen Releaseplan erstellt oder nicht, halten alle Scrum Teams ein Sprint Planning ab. Ein Sprint ist eine kurze Zeitspanne von typischerweise ein bis vier Wochen, in der das Team aus verschiedenen Product Backlog Items ein potenziell auslieferbares Produktinkrement erschafft. Im Sprint Planning wird von dem selbstorganisierten Entwicklungsteam dann entschieden, zu welchen Product Backlog Items sich die Teammitglieder in diesem Sprint verpflichten und ein Commitment abgeben können. Außerdem wird ein Plan dafür erarbeitet, wie sie diese Items angehen werden.

Während des gesamten Sprints arbeitet das Entwicklungsteam auf dieses Sprint Commitment hin. In Scrum gibt es zwei spezifische Hilfsmittel, die den Teams helfen, ihre Arbeit zu managen: das Daily Scrum und das Sprint Burndown. Das Daily Scrum ist ein kurzes, fünfzehnminütiges Meeting, in dem die Mitglieder des Entwicklungsteams ihre Teamkollegen über den Status ihrer eigenen Arbeit informieren und ihren Plan aktualisieren. Das Sprint Burndown ist eine graphische Darstellung dessen, was an Arbeit für diesen Sprint geplant war und wie viel davon noch erledigt werden muss.

Am Ende des Sprints gibt es in Scrum ein öffentliches Meeting: das Sprint Review. In diesem Sprint Review bekommt das Team die Gelegenheit, sich noch einmal ganz offiziell alles anzuschauen, was im letzten Sprint geliefert wurde. Dies geschieht häufig gemeinsam mit den Stakeholdern des Projekts, die nicht täglich an dem Projekt beteiligt sind. Es ist auch eine gute Gelegenheit für den Product Owner, sich Feedback von den Stakeholdern einzuholen und die Richtung des Produkts zu ändern, sowie den Releaseplan aufgrund der jüngsten empirischen Daten zu aktualisieren. Dem Sprint Review folgt die Sprint Retrospektive, in der das Entwicklungsteam den vergangenen Sprint beurteilt und Möglichkeiten zur Optimierung und/oder Prozessänderung identifiziert, um sich im nächsten Sprint verbessern zu können.

Danksagungen

Viele Leute haben mir bei diesem Buch geholfen und ich glaube, dass ich allen schon persönlich dafür gedankt habe, aber ich finde es wichtig, dass noch einmal offiziell festgehalten wird, was sie zu dem Projekt beigetragen haben.

Zuerst einmal ist Rebecca Traeger mehr als nur eine Lektorin in diesem Projekt gewesen. Sie hat nämlich auch als Berater, Provokateur und Impulsgeber fungiert. Ohne ihre Bemühungen in sehr schwierigen Situationen wäre dieses Buch wohl nie entstanden und daher bin ich ihr sehr dankbar.

Außerdem haben die Illustrationen von Ole Størksen dem Text wieder einmal eine ganz andere, großartige Dimension hinzugefügt. Ole ist erneut über sich hinausgewachsen und ich persönlich liebe seine handgezeichneten Illustrationen in diesem Buch. Dafür bin ich ihm sehr dankbar.

Während der zwei Jahre, in denen ich das Buch schrieb und weiterentwickelte, habe ich viele Menschen zu unterschiedlichsten Themen interviewt. Sie alle haben großzügig ihre Zeit, ihre Weisheiten und ihre Meinung mit mir geteilt. Am Ende haben es nicht alle dieser Beiträge in die finale Version dieses Buchs geschafft, hauptsächlich weil sich das Buch letztlich ganz anders entwickelt hat, als ich es ursprünglich angedacht hatte. Jedoch waren alle diese Interviews extrem wertvoll für mich und ich weiß es sehr zu schätzen, dass sich jeder Einzelne die Zeit genommen hat, um mit mir zu sprechen. Wie alle großartigen Product Owner verstehen auch sie, dass es manchmal nötig ist, rigorose Entscheidungen zu fällen!

Ich danke auch Fiona McLaren, die mit mir an dem Kapitel mit der Geschichte bei Made by Many gearbeitet hat. Ich finde es wirklich toll, dass dieses Buch nicht einfach eine Sammlung meiner eigenen

Erfahrungen ist. Geschichten wie diese bringen frischen Wind in das Buch und zeigen uns die zusätzliche Dimension eines Product Owners in einer Agentur. Dafür bin ich ihr sehr dankbar.

Viele Leute haben mir außerdem geholfen, indem sie sich vorab meine Arbeit durchgelesen haben, und ich bin ihnen allen sehr dankbar dafür. Besonders Roman Pichler und Jeff Sutherland möchte ich für ihre Unterstützung, Freundschaft und Vorwörter danken. Ich danke auch Paul Goddard und Roger Malvern, die mir seit 20 Jahren immer wieder ihre volle Unterstützung und ihr Feedback anbieten.

Ich möchte außerdem Jess Larmont für ihre Hilfe danken und auch dafür, dass sie meine Botschaft in die Welt hinausgetragen hat.

Und zu guter Letzt möchte ich mich bei meiner Familie bedanken, weil sie auf mein „Ich glaube, ich schreibe noch ein Buch" mit Verständnis und Unterstützung reagiert haben statt mit „Oh nein, aber du hattest es versprochen…", wozu sie jedes Recht gehabt hätten.

Und wenn Sie das gerade lesen, danke ich auch Ihnen dafür, dass Sie sich das Buch gekauft oder geliehen haben oder es sonst irgendwie in die Hände bekommen haben.

Referenzen

DECISIVE

Ackermann, F., & Eden, C. (2011). Strategic Management of Stakeholders: Theory and Practice. Long Range Planning, 44(3), 179-196. doi:10.1016/j.lrp.2010.08.001

Harford, T. (n.d.). Trial, error and the God complex. Retrieved January 02, 2017, from https://www.ted.com/talks/tim_harford?language=e

Iyengar, S. S., & Lepper, M. R. (2000). When choice is demotivating: Can one desire too much of a good thing? Journal of Personality and Social Psychology,79(6), 995-1006. doi:10.1037//0022-3514.79.6.995

Partnoy, F. (n.d.). Waiting Game: What Tennis Teaches Us. Retrieved June 22, 2012, from http://www.ft.com/cms/s/2/4551e9ee-b9fd-11e1-937b-00144feabdc0.html/

Poppendieck, M., & Poppendieck, T. D. (2003). Lean software development: an agile toolkit. Boston, MA: Addison-Wesley.

Reed, L. W., & Friedman, M. (1999). I, pencil: my family tree as told to Leonard E. Read. Irvington-on-Hudson: Foundation for Economic Education. http://www.econlib.org/library/Essays/rdPncl1.html/

Scotland, K. (2010, April 06). Defining the Last Responsible MomentAvailAgility. Retrieved January 02, 2017, from http://availagility.co.uk/2010/04/06/defining-the-last-responsible-moment/

Warrell, M. (2014, April 03). Afraid Of Being 'Found Out?' How To Overcome Impostor Syndrome. Retrieved January 02, 2017, from http://www.forbes.com/sites/margiewarrell/2014/04/03/impostor-syndrome/#3f544e5ceb9d

Watts, G., & Morgan, K. (2015). The Coach's Casebook: Mastering the Twelve Traits That Trap Us. Cheltenham: Inspect & Adapt Ltd.

RUTHLESS

Covey, S. R. (1989). The Seven Habits of Highly Effective People: restoring the character ethic. New York: Simon and Schuster.

Sunk Cost Fallacy, Wikipedia, https://en.wikipedia.org/wiki/Sunk_cost#Loss_aversion_and_the_sunk_cost_fallacy

INFORMED

Cipriano, M., "The Power of Priors: How Confirmation Bias Impacts Market Prices", The Journal of Prediction Markets Vol 8, No 3 (2014)

Kano, Noriaki; Nobuhiku Seraku; Fumio Takahashi; Shinichi Tsuji (April 1984). "Attractive quality and must-be quality". Journal of the Japanese Society for Quality Control (in Japanese). 14 (2): 39–48.

Covey, S. R. (1989). The Seven Habits of Highly Effective People: restoring the character ethic. New York: Simon and Schuster.

VERSATILE

Goleman, D., Boyatzis, R. E., & McKee, A. (2002). Primal leadership: realizing the power of emotional intelligence. Boston, MA: Harvard Business School Press.

Patterson, K., Grenny, J., McMillan, R., & Switzler, A. (2002). Crucial Conversations: tools for talking when stakes are high. New York: McGraw-Hill.

We like challenges. (n.d.). Retrieved January 02, 2017, from https://madebymany.com/about

Covey, S. R. (1989). The Seven Habits of Highly Effective People: restoring the character ethic. New York: Simon and Schuster.

Bain & Company: Net Promoter System - Net Promoter System Home. (n.d.). Retrieved January 02, 2017, from http://netpromotersystem.com/

Online. (n.d.). Retrieved January 02, 2017, from http://www.mccarthyshow.com/online

EMPOWERING

Beck, K. et al (2001). Principles behind the Agile Manifesto. Retrieved January 02, 2017, from http://agilemanifesto.org/principles.html

User Stories. (n.d.). Retrieved January 02, 2017, from https://www.agilealliance.org/glossary/user-stories/

Cooper, A. (1999). The inmates are running the asylum: why high-tech products drive us crazy and how to restore the sanity. Indianapolis, IN: Sams.

Goddard, P. (2015). Improv-ing agile teams. Amazon Createspace.

Fear of Public Speaking Statistics. (n.d.). Retrieved January 02, 2017, from http://www.statisticbrain.com/fear-of-public-speaking-statistics/

Watts, G., & Goddard, P. (2012, October 23). Story Spines. Retrieved January 02, 2017, from http://tastycupcakes.org/2012/10/story-spines/

NEGOTIABLE

Watts, G., & Morgan, K. (2015). The Coach's Casebook: Mastering the Twelve Traits That Trap Us. Cheltenham: Inspect & Adapt Ltd.

Tabaka, J. (2006). Collaboration explained: facilitation skills for software project leaders. Upper Saddle River, NJ: Addison-Wesley.

Watts, G., & Haines, J. (2009, February). Priority Markets. Retrieved January 2, 2017, from https://www.scrumalliance.org/community/articles/2009/february/priority-markets

Goddard, P. (2015). Improv-ing agile teams. Amazon Createspace.

Harford, T. (n.d.). Trial, error and the God complex. Retrieved January 02, 2017, from https://www.ted.com/talks/tim_harford?language=e

Patton, J. (n.d.). The New Backlog. Retrieved October, 2016, from http://www.agileproductdesign.com/blog/the_new_backlog.html

Index

A

B

C

D

E

F

G

H

I

R

S

T

U

V

www.ingramcontent.com/pod-product-compliance
Lightning Source LLC
LaVergne TN
LVHW022302060326
832902LV00020B/3233